REZEPTE UND TIPPS FÜR BABYS BEIKOST

Ernährungswissenschafterinnen
Mag. Ingeborg Hanreich
Dipl. oec.troph. Britta Macho

8. überarbeitete Auflage

Lesen, was gut tut!

Ein herzliches Danke ...

... allen Leserinnen und Lesern des Handbuches „Essen und Trinken im Säuglingsalter", die uns anregten, ein Kochbuch mit Beikostrezepten anzubieten.

Wichtiger Hinweis:

Die Empfehlungen dieses Buches entsprechen den aktuellen ernährungswissenschaftlichen und haushaltswissenschaftlichen Erkenntnissen bei Fertigstellung des Werkes. Es basiert auf den Empfehlungen des Forschungsinstitutes für Kinderernährung Dortmund, des AID und der deutschsprachigen Ernährungsgesellschaften. Wissenschaft ist jedoch immer im Fluss! Dadurch kommt es zu abweichenden Meinungen einzelner Wissenschafter und Wissenschafterinnen.
In Zweifelsfällen sprechen Sie bitte immer mit Ihrem Arzt oder einer Ernährungswissenschafterin. Jede Leserin, jeder Leser ist für das eigene Tun und Lassen selbst verantwortlich. Weder Autorin noch Verlag können für eventuelle Nachteile oder Schäden, die aus praktischen Hinweisen des Buches resultieren, Haftung übernehmen.

Noch ein Hinweis:

Bitte haben Sie Verständnis dafür, dass aus Platzgründen im Text nur von Ihrer Ärztin gesprochen wird, dabei gedanklich auch Ihr Arzt einbezogen ist und die Bezeichnungen Stillberaterinnen, Diaetologinnen bzw. Diätassistentinnen und (für die Schweiz) Diplomierte Ernährungsberaterinnen verwendet werden, ohne die männlichen Kollegen ausschließen zu wollen.

Text:	Mag. Ingeborg Hanreich
Rezepte:	Dipl. oec.troph. Britta Macho, Mag. Ingeborg Hanreich
Grafik und Layout:	Gerlinde Cathrin Antolkovich, Mag. Ingeborg Hanreich
Fotos:	Karl Grabherr – www.karlgrabherr.at, Andrea Jungwirth – www.einfachgesagt.com
	Stocksnapper – www.fotolia.de
Film und Druck:	FINIDR, s.r.o. Tschechien

8. überarbeitete Auflage 2014 © by Verlag Ingeborg Hanreich, Wien
ISBN 978-3-901518-31-7

Alle Rechte vorbehalten! Vervielfältigung und Veröffentlichung von Text und Grafiken auch auszugsweise nur mit schriftlicher Genehmigung des Verlages und unter vollständiger Quellenangabe gestattet.

Verlag und Vertrieb in Österreich: Mag. Ingeborg Hanreich
Esterhazygasse 7, A-1060 Wien | Tel.: (+43 1) 504 28 29-1 | Fax: (+43 1) 504 28 29-4
E-Mail: bestellung@hanreich-verlag.at | Internet: www.hanreich-verlag.at

Für
Lilly & Bernd
und für alle Eltern, die gerne
den Kochlöffel für ihre Kinder schwingen.

Hier ist Platz für
ein Foto Ihres Kindes mit
seiner ersten Beikost.

„Mmmm, so gut schmeckt mir
mein erster Brei!"

INHALT

9	**VORWORTE**
9	**LIEBE LESERIN, LIEBER LESER!**
11	Gebrauchsanweisung
12	**BEIKOST – NEUE VIELFALT**
12	Beikostbeginn
12	Vom richtigen Zeitpunkt
14	Vorteile und Risiken selbst gekochter Beikost
15	**ABC DER ZUTATEN**
15	Apfel
15	Apfeldicksaft
15	Apfelsaft
16	Aprikose siehe Marille, Pfirsich
16	Banane
16	Beerenfrüchte
17	Birne
17	Birnensirup
17	Blumenkohl siehe Karfiol
17	Brokkoli
17	Brot, Weckerln (Brötchen) und Backwaren
18	Brösel (Paniermehl)
18	Butter
19	Ei
20	Eisenreiche pflanzliche Zutaten
20	Erbsen
20	Exotische Früchte
20	Fenchel
21	Fisch
21	Fleisch und Geflügel
22	Getreide
23	Gewürze und Kräuter
23	Hafer
24	Hirse
24	Honig
25	Hülsenfrüchte
25	Karfiol (Blumenkohl)
25	Karotte (Möhre)
26	Kartoffeln
26	Kochschinken siehe Schinken

26	Kohlrabi
26	Kuhmilch
28	Kürbis
28	Mais
28	Margarine
28	Marille (Aprikose), Pfirsich
29	Melonen
29	Milchprodukte
29	Möhre siehe Karotte
29	Nitratreiche Gemüsesorten
30	Nüsse und Samen
30	Obstsaft
31	Öl, Pflanzenöl
31	Paniermehl siehe Brösel
31	Paprika
32	Pastinake
32	Pfirsich siehe Marille
32	Reis
32	Salz
32	Schinken (Kochschinken)
33	Schwarzwurzel
33	Sellerie
33	Soja
33	Spinat
34	Suppenwürfel (Brühwürfel)
34	Teigwaren (z. B. Fleckerln)
35	Tomaten
35	Wasser
36	Weintrauben, Rosinen
37	Wurstwaren
37	Zitrusfrüchte
37	Zucchini (Zucchetti)
37	Zucker
38	**TIPPS FÜR DIE ZUBEREITUNG**
38	Auswahl der Zutaten
39	Saisonkalender für Deutschland
40	Saisonkalender für Österreich
41	Saisonkalender für die Schweiz
42	Lebensmittel richtig lagern!

INHALT

43	Geräte für die Zubereitung
45	Hygienemaßnahmen bei der Zubereitung
46	Breizubereitung
47	*Garzeiten einzelner Gemüsesorten*
47	Mikrowelle: ja oder nein?
48	Aufbewahren und Wiedererwärmen
48	Portioniert tieffrieren
49	Auftauen

50 1 x 1 DES ZUFÜTTERNS
- 53 Das Ergänzen der Milchmahlzeiten
- 54 *Der Mahlzeitenfahrplan*
- 56 *Vermeiden Sie folgende Lebensmittel im 1. Lebensjahr*

57 DER BEIKOSTPLAN
- 57 Hinweise und Abkürzungen zu den Beikostplänen
- 58 Beispiel eines Beikostplanes mit Rezepten

65 DIE ERSTEN BEIKOSTMONATE

65 Brei – mittags
- 65 Die Mittagsmahlzeit wird langsam ergänzt
- 65 Auswahl der ersten Zutat
- 65 Gebrauchsanweisung: Rezepte
- 66 Babykarotten-Brei
- 66 Karottenpüree
- 67 Karotten-Kartoffel-Brei
- 67 Rezept auf Vorrat: Gemüsebrei
- 68 Karotten-Kartoffel-Fleisch-Brei I
- 68 Rezept auf Vorrat: Fleischzubereitung
- 69 Vegetarischer Karotten-Hirse-Brei

71 Brei – nachmittags
- 71 Vorerst Obstsaft, dann -püree
- 71 Karotten-Kartoffel-Fleisch-Brei II
- 71 Die Nachmittagsmahlzeit wird langsam ergänzt
- 71 Obstbrei
- 72 Getreide-Obst-Brei
- 73 Neue Zutaten erweitern den Speiseplan
- 73 Gemüse-Kartoffel-Fleisch-Brei I
- 74 Die Abendmahlzeit wird langsam ergänzt
- 75 Getreide-„Milch"-Brei

75	Brei – abends
76	Getreide-„Milch"-Brei
76	Juniorkost
77	Gemüse-Kartoffel-Fleisch-Brei II
78	Fingerfood
80	*Die Lebensmittelpyramide für Babys*
81	**UMSTIEG AUF FAMILIENKOST**
81	**Brei – vormittags**
81	Die Vormittagsmahlzeit wird nach und nach ergänzt
81	Frischobst-Brei
82	Zwieback-Obst-Brei
83	Gemüse-Kartoffel-Fleisch-Brei III
85	**Brei oder Frühstück**
85	Das Familienfrühstück
85	Standardfrühstück
85	Zwischenmahlzeit am Vormittag oder Nachmittag
85	*Variation 1*
86	*Variation 2*
86	*Variation 3*
86	*Variation 4*
86	*Variation 5*
86	Getränke
87	*Morgentee*
87	*Tagestee*
87	*Abendtee*
88	Mittagessen
88	Standardrezept Mittag
89	Vegetarischer Gemüse-Hafer-Brei
89	Abendessen
89	Standardrezept Abend
90	**BABYMENÜS FÜR DAS MITTAGESSEN**
90	Brokkoli mit Bröseln
92	Kürbisrisotto
94	Polpetti mit Kartoffelpüree und gedünsteten Karotten
96	Spaghetti mit Tomatensauce
98	Couscous mit Karotten und Putenschinken
100	Schinkenfleckerln mit Erbsen
102	Kartoffel mit Karfiol-Schinkensauce

INHALT

104	Lamm-Ragout mit Fenchelgemüse
106	Falscher Tafelspitz
108	Hirsetopf mit Fenchel
110	Lauchstrudel-Päckchen
112	Kartoffeleintopf mit Kalbfleisch und Zucchini
114	Rollgerstentopf mit Rindfleisch und Lauch
116	Ritschertvariante
118	Nudeleintopf mit Pute und Erbsen
120	Kürbisgemüse aus dem Wok
122	Rosmarinhuhn mit Reis und Brokkoli
124	Gefüllte Zucchini mit Kartoffelpüree
126	Lachs mit Kartoffel und Fenchelgemüse
128	**BABYDESSERTS FÜR ZWISCHENDURCH**
128	Reismilch-Reis mit Apfel
130	Grießpudding mit Heidelbeeren
132	Couscous mit Birnen
134	Traubenkompott
136	Hirsepudding mit Himbeeren
138	Vollkornweckerl mit Apfelspalten
140	**KUCHEN, KEKSE & BROTE**
140	Apfelstrudel
142	Vollkornweckerln oder -brote
144	Schichtzwieback mit Birnen
146	Marillenaugen
148	Kuchen mit Äpfeln
150	Geburtstagskuchen mit Beerencreme
152	**ANHANG**
152	REZEPTREGISTER
153	ABKÜRZUNGEN
154	WEITERFÜHRENDE LITERATUR
156	ADRESSVERZEICHNIS
164	STICHWORTVERZEICHNIS
168	Unser Partner
169	Unsere Bücher
174	Autorinnenportraits
176	Unser Service

LIEBE LESERIN, LIEBER LESER!

Möglicherweise haben Sie bereits das Handbuch „*Essen und Trinken im Säuglingsalter*" gelesen und sich darin über Stillen, über Säuglingsmilchnahrungen und die Beginnzeiten für Beikost informiert.

Sie haben dadurch über hygienische Voraussetzungen bei der Zubereitung von Babynahrung einiges erfahren und wissen bereits, dass alle Zutaten, die Sie für die Ernährung Ihres Säuglings im 1. Lebensjahr verwenden, von ausgesuchter Qualität, wenn möglich aus biologischem Anbau, sein sollen.

In „*Essen und Trinken im Säuglingsalter*" finden Sie drei Beikostpläne. In diesem Buch haben wir nur den für länger vollgestillte Kinder (mit Hinweise auf die Rezepte) übernommen. Denn das Buch ist als Ergänzung zu obigem Ratgeber, der sich mit dem Stillen, der Flaschenkost und den Grundlagen der Beikost beschäftigt, gedacht.

Beide Bücher können auch durch unsere „Gläschen-Übersicht" – eine extra erhältliche Einkaufshilfe – ergänzt werden. Auch sie geht nach den Beikostpänen vor und ist ideal, wenn man unterwegs oder auf Reisen Gläschen verwenden möchte.

Mag. Ingeborg Hanreich
Ernährungswissenschafterin und Stillberaterin

Dipl. oec.troph. Britta Macho
Ernährungswissenschafterin und Diplompädagogin

Unser Beikostplan gibt Ihnen ein Beispiel für die stufenweise Einführung einzelner Zutaten in die Ernährung Ihres Kindes. Dies ist besonders bei erhöhtem Allergierisiko wichtig, also wenn Eltern oder Geschwister bereits eine Allergie haben ☞ Seite 10.

Viele Mütter und Väter wollen die Beikost (gerade auch beim Umstieg auf die Familienkost) aus verschiedensten Gründen lieber selber kochen.
Zwar ist dies aufwändiger, als ein Gläschen zu öffnen, aber Sie können individueller auf die Wünsche Ihres Kindes

VORWORTE

Allergiehäufigkeit und Allergierisiko

Kein Elternteil allergisch	5 – 15 %
Ein Elternteil allergisch	20 – 40 %
Beide Eltern allergisch	40 – 60 %
Beide Eltern haben dieselbe Allergie	60 – 80 %
Geschwisterkind allergisch	25 – 35 %

eingehen, die Zutaten für die Breie leichter nach bestimmten Kriterien (z. B. Vermeidung einer Allergie) auswählen und eventuell Erzeugnisse des eigenen Gartens oder eines (BIO-)Bauernhofes nutzen.

Abgesehen von einer gewissen Kostenersparnis, gibt das Selberkochen – und sei es auch nur für eine Mahlzeit des Tages – das gute Gefühl, seinem Kind eine größere geschmackliche Vielfalt, duftende Speisen und frischeste Zubereitung anbieten zu können.

Im vorliegenden Buch finden Sie Rezepte für jede Altersstufe Ihres Babys. Sie werden Ihnen bei der Einführung der Beikost hilfreich sein.

Die 8. Auflage wurde inhaltlich überarbeitet. Die 30 Babymenü-Rezepte ab dem 10. Monat wurden hinsichtlich der Saftmengen aktualisiert und einige Rezepte genauer dargelegt. Zusätzlich wurden von Eltern oft nachgefragte Kapitel im aktuellen „ABC der Zutaten" eingefügt.
Dieses Rezeptbuch ist auf den gesamten deutschsprachigen Raum abgestimmt.

Wir hoffen, Ihnen durch diese Verbesserungen manches zu erleichtern und wünschen Ihnen viel Spaß beim Kochen und Ihrem Kind einen guten Appetit!

Ihre

Ingeborg Hanreich

Britta Rado

PS: Sollten noch Fragen offen bleiben, helfen wir Ihnen in Beratungen und mit unseren anderen Ratgebern gerne weiter.
Viele Buchhandlungen haben unsere Bücher auf Lager. Sollte das jedoch nicht der Fall sein, können Sie diese in der Buchhandlung oder direkt bei uns telefonisch bzw. im Online-Shop unter www.hanreich-verlag.at bestellen. Sie erhalten die gewünschten Bücher mit Rechnung zugesandt.

Gebrauchsanweisung

Im Rahmen der gegebenen Empfehlungen lassen sich schon nach den ersten Beikostmonaten kreative Mischungen aus Gemüse, Obst, Fleisch und Beilagen gestalten.

Bevor Sie ein neues Rezept in der Praxis testen oder Ihrer Kreativität freien Lauf lassen, z. B. um saisonales Gemüse auszuprobieren, sollten Sie immer das Kapitel „ABC der Zutaten" zurate ziehen. Das Symbol „☞" im Text und in den Rezepten signalisiert Ihnen wertvolle Informationen in den entsprechenden Zutatenkapiteln oder dient allgemeinen Querverweisen, die im Stichwortverzeichnis ersichtlich sind.

Der küchentechnische Sprachgebrauch ist von Land zu Land verschieden. Dort, wo wir österreichische Ausdrücke verwendet haben, sind – abgesehen von den Rezepttiteln – in Klammer zusätzlich deutsche oder schweizer Begriffe angeführt. Eine alphabetische Listung aller Rezepte finden Sie im Rezeptregister auf Seite 152.

Wichtige Informationen sind in Kästen herausgehoben, um Ihnen beim Lesen und Nachlesen das Auffinden zu erleichtern. Die Kästen enthalten Tipps, wesentliche Informationen, Warnhinweise oder Hinweise zur Allergieprävention.

Bei den einzelnen Rezepten sind zur Unterstützung Serviertipps oder Vorschläge für Variationen für den Familientisch angefügt, die nach dem individuellen Geschmack Ihres Kindes bzw. Ihrer Familie und nach dem saisonalen Angebot ausgewählt werden können.

Im Handbuch „*Essen und Trinken im Säuglingsalter*", das wir im weiteren Verlauf mit „*ETS*" abkürzen, finden Sie nähere Informationen zu einzelnen Themen (z. B. Nitrat in Lebensmitteln). Wir verweisen darauf mit dem Symbol „☞". In ETS finden Sie auch ein spezielles Kapitel über Allergien und deren Symptome.
Bei vegetarischer Ernährung oder erhöhtem Allergierisiko Ihres Kindes ist ETS ein hilfreicher Ratgeber.

Merkblätter aus unserer Feder:

In unserem Online-Shop unter www.hanreich-verlag.at finden Sie unter anderem folgende, von uns und unserem Team erstellte Merkblätter:

- *Aufbewahrung v. Muttermilch*
- *Pro & kontra Schnuller*
- *Schreibabys bzw. Blähungen*
- *Säuglinge fleischlos ernähren*
- *Ernährung v. Frühgeborenen*
- *Kuhmilchallergie & Calciumversorgung*
- *Bioprodukte & ihre Gütesiegel*
- *Knabbereien im Kindesalter*
- *Langzeitstillen u.v.m.*

VORWORTE

BEIKOST – NEUE VIELFALT

Als Beikost wird die Nahrung bezeichnet, die zu Muttermilch oder Säuglingsflaschennahrungen „beigefüttert" wird. Dabei spielt es keine Rolle, ob es sich um Getränke (Säfte, Tee), Fingerfood oder um Breie (aus Obst, Gemüse, Fleisch oder Getreideflocken) handelt. Die Beikostphase bildet die Zwischenstufe zwischen ausschließlicher Milchnahrung und der reinen Familienkost.

Beikostbeginn

In den ersten 4 bis 6 Lebensmonaten ist es relativ einfach, Ihr Kind zu versorgen. Hunger und Durst werden ausschließlich durch Muttermilch oder Anfangsnahrungen gestillt. Ab etwa einem halben Jahr sind die meisten Kinder in ihrer Entwicklung so weit, dass sie breiige Nahrung mit der Zunge nach hinten transportieren und schlucken können.
Vereinzelt sind schon die ersten Zähne durchgebrochen. Ihr Kind wird immer aktiver, was einen Mehrbedarf an Eiweiß, Mineralstoffen und Vitaminen zur Folge hat, sodass eine Einführung von Beikost sinnvoll ist.

Vom richtigen Zeitpunkt

Die Beginnzeiten für Beikost werden von Zeitschriften, Büchern, Freundinnen, Verwandten, Ärztinnen, Ärzten und Herstellern von Säuglingsnahrung – kurz von allen Seiten – zur großen Verwirrung der Eltern unterschiedlich angegeben. Das liegt zum Teil daran, dass sich die wissenschaftlichen Erkenntnisse und daher auch die Empfehlungen in den letzten Jahrzehnten stark weiterentwickelt haben.

Industriell hergestellte Babybreie enthalten oft die Empfehlung, sie bereits „nach dem 4. Monat" zu füttern. Manche Mütter glauben dann, sie sollten schon ab dem 4. Monat beginnen, Brei zu geben.
Mit Beginn des 5. Lebensmonats ist die Entwicklung des Darmes und der Niere so weit vorangeschritten, dass die neuen Lebensmittelbestandteile gut verkraftet werden könnten. Doch spucken viele Kinder in diesem Alter die Beikost wieder aus, weil der Zungenstoßreflex noch überwiegt bzw. der Kauimpuls noch nicht voll ausgebildet ist. Die Zunge kann breiige Speisen noch nicht zur Speiseröhre transportieren, ohne dass fast alles „daneben" landet.

Die Empfehlung, ab dem 5. Lebensmonat Beikost anzubieten, entspricht in den meisten Fällen nicht der Entwicklung des Kindes. Wir raten daher zu warten, bis Ihr Kind etwa ein halbes Jahr alt ist bzw. seine Beikostreife signalisiert.

Daraus schließen Eltern oft, dass der Brei nicht geschmeckt habe, und probieren verfrüht und unnötigerweise eine Vielzahl von Lebensmitteln aus.

Die WHO empfiehlt 6 Monate zu stillen und dann mit Beikost zu beginnen. Auch die *La Leche Liga* (☞ Adressverzeichnis) spricht von einem generellen Beikostbeginn ab ca. einem halben Jahr. Dies ist vor allem bei gestillten Kindern praktisch, aber bei flaschengefütterten Kindern ebenfalls möglich.
Neue Untersuchungen zum Thema Allergieprävention zeigen, dass individuell auch etwas früher, nicht jedoch vor dem Beginn des 5. Monats mit der Beikost begonnen werden kann.
Es gibt eine noch wenig erforschte Hypothese, dass manche Lebensmittel sogenannte „Zeitfenster" hätten, in denen sie idealerweise zum ersten Mal gegeben werden sollten.

Ihr Kind wird selber mit ca. einem halben Jahr den optimalen Beginn seines Beikostalters signalisieren.
Bei manchen Kindern ist dies schon im 5. Monat der Fall, bei anderen erst im 8. Monat. Wenn Ihr Kind gestillt wird, gesund ist und gut gedeiht, ist es problemlos möglich, zu seinem persönlichen Zeitpunkt mit der Beikost zu beginnen.
Keinesfalls soll Beikost in der Flasche angeboten werden, bevor Ihr Kind entwicklungsmäßig für Löffelkost oder Fingerkost bereit ist, außer dies wird vom Kinderarzt aufgrund des Gewichtsverlaufes angeraten.

> *Beikostreife*
> *Sie können die Beikostreife an folgenden Zeichen erkennen:*
>
> • *Ihr Kind beobachtet Sie beim Essen aufmerksamer, greift immer wieder in den Teller und beginnt intensiver an allem zu kauen, was es in die Hand bekommt.*
>
> • *Es kann schon Dinge mit der Hand zum Mund führen.*
>
> • *Die Zunge schiebt den Löffel nicht mehr reflexartig aus dem Mund (Zungenstoßreflex).*
>
> • *Es will eventuell (wieder) öfter gestillt werden.*

Manchmal verlieren Kinder das Interesse an der Löffelkost, wenn ihnen Beikost nicht zum entsprechenden Zeitpunkt angeboten wird. Probieren Sie daher ab dem 7. Lebensmonat immer wieder einmal die Löffelfütterung.

> *Behalten Sie die gewohnte Ernährungsweise bei, wenn Ihr Kind gerade durch Krankheit, Zahnen etc. belastet ist, und verschieben Sie den geplanten Beikostbeginn auf die Zeit danach!*

Vorteile und Risiken selbst gekochter Beikost

- Frisch zubereitete Beikost bietet eine größere geschmackliche Vielfalt als Gläschenkost und mundet vielen Kindern am besten.
Die gewünschte Anzahl und Vielfalt an Lebensmitteln kann einfach reguliert werden, dies ist speziell bei erhöhtem Allergierisiko von Vorteil.

- Außerdem kann man unerwünschte Zutaten, wie Salz oder Zucker, vermeiden und die richtige Menge Öl gleich direkt zugeben. (Auch in Gläschen soll etwas Öl zugesetzt werden ☞ ETS.)

- Selberkochen ist zudem billiger und macht weniger Müll, was die Umwelt schont.

Selber zu kochen ist nicht sehr viel mehr Aufwand, erfordert aber genauere Planung und eventuell Bevorratung durch Tiefkühlen.

Vieles spricht also dafür, den Brei selbst zuzubereiten. Jedoch birgt Selbermachen auch immer zwei Risiken:
Erstens ist das hygienische Risiko ungleich höher (☞ Kapitel „Hygienemaßnahmen bei der Zubereitung"), und zweitens ist der Gehalt an ☞ Schadstoffen in den verwendeten Lebensmitteln nicht untersucht.
Gläschen unterliegen strengeren gesetzlichen Vorschriften als herkömmliche Lebensmittel, denn Babykost wird zu den diätetischen Produkten gerechnet. Sie weisen eine hohe, gleichbleibende Qualität der Zutaten auf und garantieren einen geringen Schadstoffgehalt.

Die Breie selber zuzubereiten ist sinnvoll, wenn ...

... die gewählten Lebensmittel tagesfrisch sind bzw. nur kurz im Kühlschrank gelagert wurden!

... die verwendeten Lebensmittel wenig ☞ Schadstoffe beinhalten, wie das bei Lebensmitteln ☞ „aus biologischer Landwirtschaft" der Fall ist.

... Sie genau wissen, woher die Zutaten kommen, z. B. aus dem eigenen Garten oder von einem Bauernhof, auf dem „biologischer" Anbau betrieben wird.

... wenig ☞ Nitrat in Pflanzen enthalten ist, also weder Glashaus noch Abdeckfolie benutzt werden, nicht überdüngt und an sonnigen Tagen geerntet wird.

... Sie ein Tiefkühlgerät besitzen, denn Kühlfächer im Kühlschrank sind in der Regel nicht kalt genug zur Aufbewahrung von Babykost.

ABC DER ZUTATEN

Apfel

Äpfel *(z. B. die Sorte Jonagold)* liefern wertvolles Vitamin C. Dieses fördert nicht nur die Aufnahme von Eisen aus pflanzlichen Lebensmitteln, sondern schützt den Säugling auch bei der Aufnahme ☞ nitratreicher Gemüsesorten. Gekochte pürierte Äpfel sind fast immer die erste Obstbeikost, welche ab dem 2. Beikostmonat (vorerst als Saft) angeboten wird. Ab dem 9. Lebensmonat können geschabte bzw. fein geriebene Äpfel als Frischkost gegeben werden. Achten Sie auf milde Apfelsorten, die wenig natürliche Säure enthalten, um eventuellem Wundsein vorzubeugen. Eine Glasreibe ist ideal, um den geschälten Apfel fein zu reiben.

> *Kindern mit erhöhtem Allergierisiko sollten rohe Äpfel keinesfalls vor dem 9. Lebensmonat angeboten werden, da diese manchmal allergische Reaktionen auslösen.*
> *Kreuzreaktionen zu Birkenpollen und Haselnüssen können im späteren Alter auftreten.*

Apfeldicksaft

Ein aus Äpfeln hergestellter Sirup wird alternativ oft als Süßungsmittel verwendet. Es handelt sich dabei jedoch um Zucker in einer anderen Form. Wir empfehlen ihn daher nach Möglichkeit nur sparsam und selten wie Zucker zu verwenden. In unseren Rezepten wird er als Alternative zu Zucker angegeben. Sie können aber auch ☞ Birnensirup verwenden.

Apfelsaft

Zur besseren Eisenaufnahme wird die Zugabe (ZU) von ☞ Obstsaft zu den Beikostbreien empfohlen. Vorerst wird dies milder Baby-Apfelsaft in geringen Mengen sein. Trinken Sie den Rest spätestens nach 3 Tagen selber! In späteren Monaten kann auch naturtrüber Saft und Ribiselsaft (Johannisbeersaft) zu den Mahlzeiten getrunken werden.

ABC DER ZUTATEN

Aprikose
siehe Marille, Pfirsich

Banane

Bananen sind wohl die bei Babys beliebteste Obstsorte. Sie sind sehr nahrhaft und enthalten viele wichtige Mineralstoffe, z. B. Magnesium.

Ihr Zuckergehalt ist jedoch sehr hoch (bis zu 23 %). Verwenden Sie deshalb Bananen nicht zu häufig, oder mischen Sie diese mit anderen Obstsorten, wie z. B. Apfel. Bananen werden anfangs mit dem Löffel geschabt oder mit der Gabel zerdrückt angeboten.

> **Konventionell oder BIO?**
> Schneiden Sie am stiellosen Ende von herkömmlichen Bananen etwa einen Zentimeter ab, da Chemikalien, die eine Verpilzung verhindern sollen, in Spuren dort hineingelangen können. Verwenden Sie für Beikostbreie nur den restlichen Teil oder BIO-Bananen.

> Überreife Bananen, die innen schon braun werden, sollen als Babynahrung nicht verwendet werden. Sie können – wie alle überreifen Früchte – bereits angegoren sein und kleine Mengen Alkohol enthalten.

Beerenfrüchte

Das Mus von Heidelbeeren (Blaubeeren), später Himbeeren und Brombeeren kann durchaus schon ab etwa dem 9. Lebensmonat gegeben werden.
Heidelbeeren sind besonders geeignet, weil sie stuhlregulierend wirken. Sie können unseren „Geburtstagskuchen" auch mit Heidelbeermus probieren.

Himbeeren und Brombeeren sind aufgrund der enthaltenen Kerne nicht jedes Kindes Sache, liefern aber viel Vitamin C.
Auf Erdbeeren können bei manchen Kindern Unverträglichkeitsreaktionen auftreten, weil sie viel Histamin (☞ Tomaten) enthalten. Wir empfehlen sie daher erst ab dem 13. Monat.

Birne

Anstelle von Apfel wird manchmal mit Birnenmus als erster Obstmahlzeit begonnen. Birne enthält den Ballaststoff Lignin, welcher bei Verstopfung förderlich ist, also eine „stuhlauflockernde" Wirkung hat.
Reagieren Babys auf Karottenbrei mit leichter Verstopfung, kann durch Zugabe von Birne (als zweitem Lebensmittel) Linderung erzielt werden.

Birnen sind zudem säurearm, weshalb sie bei Gefahr von Wundsein anstelle von Apfel verwendet werden können. Wählen Sie für das Selberkochen reife Früchte *(z. B. Williamsbirnen)*, damit auf zusätzliche Süßung der Breie verzichtet werden kann. Viele Birnengläschen enthalten Zucker oder Birnensirup.

Birnensirup

Ein aus Birnen hergestellter Sirup wird oft als alternatives Süßungsmittel verwendet. Es handelt sich dabei jedoch um Zucker in einer anderen Form. Wir empfehlen ihn daher nach Möglichkeit nur sparsam und selten statt Apfeldicksaft oder Zucker zu verwenden.

Blumenkohl
siehe Karfiol

Brokkoli

Neben vielen Vitaminen enthält dieses grüne Gemüse spezielle bioaktive Substanzen, die unter anderem als Krebsschutzstoffe wirken. Brokkoli hat jedoch ähnlich wie Spinat einen bitteren Geschmack, den manche Kinder auch in div. Gemüsemischungen ablehnen (☞ Karfiol / Blumenkohl). Brokkoli zählt zu den eisenreicheren Gemüsesorten.

Brot, Weckerln (Brötchen) und Backwaren

Sobald Ihr Kind Zähne bekommt, können Sie zum Üben einen Beißring oder nach dem 9. Lebensmonat ein Stück Brot bzw. Brotrinde anbieten. Brot aus sehr fein vermahlenem (Vollkorn)mehl darf ca. ab dem 10. Lebensmonat angeboten werden. Es soll zu Beginn nicht allzu frisch sein, da dies bei empfindlichen Kindern zu Blähungen führen kann. Das gewählte Brot soll anfangs nur eine Mehlsorte (Weizen oder Dinkel) und außer Wasser, Germ (Hefe)

ABC DER ZUTATEN

ABC DER ZUTATEN

und Salz keine Zusätze (wie Gewürze, Milch, Sojaschrot, Zusatzstoffe) enthalten. Nach wenigen Wochen können einfache Mischbrote (z. B. Roggen-Weizen-Mischbrot) aus fein vermahlenem Mehl gegeben werden.

> *Vermeiden Sie grobe Körner (Sonnenblumenkerne, Getreidekörner, etc.) im oder auf dem Brot, damit sich Ihr Kind nicht daran verschlucken kann!*

Im 1. Lebensjahr sind nur wenige Brotsorten ideal. Hefegebäck, Milchbrot, salzreiches Laugengebäck und viele Backwaren enthalten eine Reihe von Zusatzstoffen bzw. Milch (☞ ETS).
Wir haben daher ein einfaches Brotrezept auf Seite 142 angeführt. So können Sie selbst einmal das Brotbacken ausprobieren.

Zwieback und Kekse enthalten meist viel Zucker und manche ☞ Kuhmilch. Eine milchfreie Keks-Alternative finden Sie im Rezeptteil (☞ Marillenaugen). Achten Sie – speziell bei erhöhtem Allergierisiko – auf die Zutatenliste auf der Verpackung von gekauften Produkten – oder fragen Sie genau nach den Zutaten! Im Buch ☞ ETS finden Sie eine Übersicht, hinter welchen Begriffen sich Zucker verstecken kann.

> *Ab dem 1. Zahn ist Zahnpflege Pflicht! Sie können entsprechende Säuglingszahnbürsten mit Gumminoppen oder ein sauberes Tuch dazu benutzen.*

Brösel (Paniermehl)

Diese Zutat für unser Brokkolirezept wird aus – in der Regel milchfreiem – Gebäck (Brötchen) hergestellt. Bei Kindern mit sehr hohem Allergierisiko, die gestillt werden, soll mit Bröseln vorsichtshalber bis nach dem vollendeten 12. Monat gewartet werden.

Butter

Vom Forschungsinstitut für Kinderernährung Dortmund wird bei der Zubereitung der Beikostbreie abwechselnd

die Verwendung von Butter und von bestimmten ☞ Pflanzenölen als Fettquelle in einer Menge von 4-5 g (also 1 TL) pro 100 g Brei empfohlen. Butter ist zwar leicht verdaulich, enthält jedoch Spuren von Milcheiweiß. Auch ist die Zusammensetzung von Pflanzenölen für den Körper wichtiger zum Zellaufbau (speziell im Wachstum).

Daher raten wir, auf Butter bis etwa zum 10. Lebensmonat zu verzichten. Für den Brei wird besonders Rapsöl empfohlen. Ab dem Umstieg zur Familienkost kann Butter als Brotaufstrich verwendet werden (☞ Margarine).

Ei

Eier gehören zu den Lebensmitteln, deren Eiweiß häufig Allergien auslöst. Die im Eiklar (Eiweiß) vorhandene Proteinmenge ist ca. halb so hoch wie im Rindfleisch, die im Dotter (Eigelb) ist höher. Übermäßig Eigelb enthält zu viel Nahrungscholesterin. Einmal pro Woche wird – allerfrühestens ab dem 7. Monat – ein kleines Ei empfohlen. Dieses kann an einem Tag gegeben werden. Bitte rechnen Sie auch die Eier in Kuchen, Keksen, Eierteigwaren und Aufläufen mit (☞ vegetarisch, ETS).

Auf der Eierschale und manchmal auch im Ei selbst können Salmonellen leben. In größeren Mengen lösen diese Bakterien Durchfall, Übelkeit und Erbrechen aus. Ob nun ein Ei viele, wenige oder gar keine Salmonellen enthält, können Sie jedoch weder sehen noch riechen. Entgegen allen Empfehlungen in so manchen Kochbüchern sollen Eier für Säuglinge und Kleinkinder daher immer gar gekocht sein (ca. 10 Minuten). Vermeiden Sie im Säuglings- und Kleinkindalter unbedingt Speisen, die rohe Eier enthalten (z. B. kaltgerührte Saucen wie Mayonnaise oder Sauce hollandaise, Speiseeis und Desserts wie Tiramisu). Lassen Sie im Säuglingsalter keinesfalls ungebackenen Kuchenteig probieren.

In unserem Rezeptbuch „Coole Rezepte für zwischendurch" (☞ weiterführende Literatur) finden Sie ein Rezept für Apfel-Tiramisu, welches ohne Eier hergestellt wird.

ABC DER ZUTATEN

Eisenreiche pflanzliche Zutaten

Da Fleisch unser wichtigster Eisenlieferant ist, muss bei vegetarischer Ernährung besonders auf eine verbesserte Eisenzufuhr geachtet werden. Hafer, Hirse, Roggen, Grünkern sowie Sesam, Mandeln, Soja, Brokkoli, Fenchel und Spinat enthalten viel Eisen.

Eine Kombination von Vitamin-C-haltigen und eisenhaltigen Nahrungsmitteln verbessert die Eisenaufnahme aus den Speisen.

Bei vegetarischer Ernährung müssen schon ab Ende des 7. Monats die Zutaten Hirse (glutenfrei) bzw. Hafer anstelle von Fleisch als täglicher Bestandteil in den Speiseplan aufgenommen werden. Die zur Eisenaufnahme benötigte ☞ Saftmenge im Brei ist höher.

Erbsen

Erbsen gehören zu den ☞ Hülsenfrüchten, sind jedoch relativ gut verträglich und liefern wertvolle Mineralstoffe und Eiweiß. Sie finden daher bald Eingang in den Speiseplan.

Zur Zubereitung der Breie können Sie auch BIO-Tiefkühlerbsen verwenden.

Exotische Früchte

Exotische Früchte (Ananas, Mango, Papaya) werden meist unreif geerntet und mit Konservierungsmitteln behandelt, denn sie müssen einen langen Transportweg zurücklegen. Von manchen Säuglingen werden vor allem Zitrusfrüchte (außer Mandarinen) nicht vertragen. Bleiben Sie, abgesehen von Bananen, möglichst bei heimischen Obstsorten! Das schont auch die Umwelt, die wir ja unseren Kindern so gesund wie möglich hinterlassen wollen.

Fenchel

Fenchelgemüse enthält Stoffe, welche die Verdauung Ihres Kindes unterstützen. Ähnlich den Fenchelsamen, die für Tee verwendet werden, können diese Stoffe Blähungen lindern.

Allerdings zählt Fenchel zu den ☞ nitratreichen Gemüsesorten und soll nur in Kombination mit Obst, Getreide oder nitratarmen Gemüsesorten angeboten werden. Wie bei allen Kräutertees soll auch Fencheltee nicht über einen längeren Zeitraum hinweg gegeben werden, um eventuelle Nebenwirkungen zu vermeiden.

Fisch

Fisch gilt als gesundes Lebensmittel, denn er liefert hochwertiges Eiweiß, wertvolle Mineralstoffe und zudem die sogenannten „Fischöle".
Diese typische Ölvariante kommt auch in bedeutendem Maße in der Muttermilch vor, wenn Stillende zweimal pro Woche Fisch essen. Sie hat eine wichtige Funktion für das Wachstum des Kindes (☞ unsere Broschüre „Essen und Trinken in der Stillzeit").

Fisch löst zwar häufig Lebensmittelallergien aus, er dürfte aber generell auch eine Schutzwirkung vor Allergien besitzen. Deshalb könnte er schon nach dem 6. Lebensmonat einmal pro Woche gegeben werden.
Verwenden Sie dabei nur gedünsteten Fisch (z. B. Saibling, Forelle, Lachs). Diese Sorten sind weniger schadstoffbelastet. Die Fischstücke müssen absolut grätenfrei sein. Mit einer Pinzette können Sie die Gräten aus dem rohen Fisch leicht entfernen.
Manche Kinder lehnen Fisch anfangs wegen des Geruches und Geschmackes ab. Die Vorbildwirkung der Eltern spielt im Kleinkindalter eine große Rolle für die Akzeptanz von Fisch.

Fleisch und Geflügel

Rind-, Kalb-, Schweine- oder Lammfleisch, Huhn oder Truthahn liefern dem Säugling leicht verwertbares Eisen. Ihr Kind braucht zum Wachsen in den ersten beiden Lebensjahren relativ hohe Eisenmengen.
Dazu werden ab Mitte des 1. Beikostmonats 6-mal pro Woche etwa 20 bis 30 g Fleisch empfohlen, dies entspricht 1-2 Fleischstücken in der Größe eines Gulaschfleischwürfels.
Als Fleischteile können Sie zu Tafelspitz, Schnitzelfleisch oder magerem Meisel greifen.

Diese kleinen Portionen lassen sich bequem vorbereiten und im Eiswürfelbehälter tieffrieren. Bemühen Sie sich bei „Fleisch auf Vorrat" (Seite 68) besonders um eine saubere, hygienisch einwandfreie Zubereitung und saubere Behälter!
Wenn Sie gänzlich auf Fleisch verzichten wollen, müssen Sie als Mittagsbrei täglich unseren „Karotten-Hirse-Brei", den „Gemüse-Hafer-Brei" oder eine Variation davon mit ☞ eisenreichen pflanzlichen Zutaten anbieten. Nähere Informationen über vegetarische Ernährung finden Sie im Buch ☞ ETS.

ABC DER ZUTATEN

Spätestens seit den Diskussionen rund um BSE sollte klar sein, dass Ihrem Kind zuliebe gerade bei Fleisch besonderer Wert auf die Qualität gelegt werden muss. Verwenden Sie ausschließlich Muskelfleisch (Tafelspitz, Schnitzelfleisch) für die Zubereitung der Breie!

Der Herkunftsnachweis und eine artgerechte Fütterung, wie sie bei biologischer Landwirtschaft gegeben ist, sind die beste Garantie für babygerechte Qualität. Anbieter von BIO-Lebensmitteln finden Sie über das ☞ Adressverzeichnis.

Fleisch immer gar kochen!
Faschiertes (Hackfleisch) oder püriertes Fleisch muss noch am selben Tag weiterverarbeitet – gekocht bzw. tiefgefroren – werden!
Achten Sie aus Gründen der Hygiene darauf, dass Fleischbreie immer gar gekocht sind!

Vor allem in Geflügel könnten sich vorhandene Salmonellen sonst vermehren und Durchfall bzw. Erbrechen auslösen.

Getreide

Getreide und Getreideprodukte bieten Ihrem Kind Energie, Mineralstoffe und wertvolle B-Vitamine. Anfangs sollen primär glutenfreie Getreidesorten (z. B. ☞ Reis, Mais, eventuell auch ☞ Hirse) verwendet werden.
Glutenhaltige Zutaten, wie ☞ Hafer, Dinkel, Weizen, Gerste, Roggen, bzw. Produkte daraus (Grieß, Flocken, ☞ Brot etc.) können und sollen schon ab dem 7. Monat vorerst in kleinen Mengen angeboten werden. Am besten ist es, wenn bei der ersten Gabe von glutenhaltiger Beikost noch gestillt wird. Dies bietet den bestmöglichen Schutz vor Zöliakie (☞ ETS).

Manche Kinderärzte empfehlen schon ab dem 5. Monat Glutengaben. Dies ist zumeist verfrüht!

Spezielle Säuglingsgetreidebreie sind technologisch so vorbereitet, dass sie für den Darm des Säuglings leichter verdaulich sind als der herkömmliche (Vollkorn)grieß bzw. konventionelle Getreideflocken.

Bis zum 10. Monat sollen ausschließlich Baby-Produkte verwendet werden. Die meisten sind Instantprodukte. Babygrieß und manche Getreideflocken müssen kurz aufgekocht werden, damit die für den Darm wichtigen Quellstoffe freigesetzt werden können.

Rohes Getreide (z. B. Frischkorn und herkömmliche Müsliflocken für Erwachsene) ist für Babys bis zum Ende des 2. Lebensjahres noch ungeeignet! ☞ *Frischkornmilch (ETS)*

Gewürze und Kräuter

Setzen Sie Gewürze wie Zutaten stufenweise erst ab der Umstellung zur Familienkost ein.
Scharfe Gewürze (Pfefferoni, Chili, Pfeffer etc.) sollten Sie generell für Kinder meiden. Sie sind zu scharf im Geschmack und können zu Blähungen oder wundem Po beim Kind führen.
Frische Kräuter (z. B. Petersilie, Dill, Fenchel, Basilikum und Schnittlauch) sind beim Würzen anfangs die bessere Alternative. Geben Sie die fein gehackten Kräuter erst kurz vor Ende der Kochzeit dazu. Lassen Sie nur kurz aufkochen, dadurch bleiben die wertvollen Vitamine besser erhalten. Kräuter (auch rohe Kräuter) eignen sich ab dem 10. Monat.

Achten Sie immer darauf, dass die Kräuter gut gewaschen sind!

Bei empfindlichen Kindern hat es sich bewährt, dem Brei in geringen Mengen gemahlenen Kümmel, Fenchel oder Thymian zuzusetzen, um Blähungen zu verhindern und um die Verdauung zu unterstützen.

Hafer

Haferflocken und Haferschleim für Babys zählen zu den wichtigsten Getreideprodukten, die Ihr Kind Ende des 7. Monats (vorerst in kleinen Mengen) erhalten soll.
Hafer bietet eine wertvolle Zusammensetzung an Eiweiß, Fett und Kohlenhydraten sowie wichtige Mineralstoffe und ist gut verdaulich.
Er zählt zu den eisenreichen Getreidearten. Vor allem bei vegetarischer Ernährung sind Hafer und Hirse wichtige Eisenquellen.

ABC DER ZUTATEN

Gluteneinführung mit Hafer:
Wir raten bei erhöhtem Allergierisiko, Hafer als erstes glutenhaltiges Getreide anzubieten. Wir beginnen daher im Beikostplan als 1. Getreide damit.

Einerseits treten selten Allergien auf Hafer auf, andererseits führen solche im späteren Leben kaum zu Einschränkungen bei der Nahrungsauswahl.
Weglassen müssen Sie bei einer Haferallergie nur Müsli, Haferkekse, Haferflockensuppe, haferhaltige Getreidelaibchen (Getreidebratlinge) und Haferdrinks.

Eine Weizenallergie hat hingegen auf Dauer schwerwiegende Auswirkungen auf die Zusammensetzung des Speiseplanes.

Vereinzelt wurde uns berichtet, dass Babys auf Hafer mit Unruhe oder erhöhter Aktivität reagierten, sonst jedoch keine typischen allergischen Reaktionen zeigten. Steigen Sie in einem solchen Fall auf Dinkelflocken um.

Hirse

Hirse enthält viel Eisen und kann daher in Abwechslung mit Hafer als eisenreicher, vegetarischer Getreidebrei angeboten werden. In Hirse ist jedoch der Gehalt an Gerbstoffen, die Mineralstoffe binden und sie so dem Körper vorenthalten können, sehr hoch.
Hirsekörner müssen daher vor der eigentlichen Zubereitung für den Familientisch mit kochendem Wasser überbrüht werden. Darin bildet sich ein rötlicher Schaum, in dem die Gerbstoffe gelöst sind. Das Wasser muss abgegossen werden, damit der Geschmack nicht bitter oder kratzig ist.
Verwenden Sie für die Beikost Säuglingshirseflocken. Sie werden industriell so hergestellt, dass der Gerbstoffgehalt niedrig ist. Hirseflocken werden wegen des natürlichen Fettgehaltes bei längerer Lagerung sehr leicht ranzig. Achten Sie bei Hirseflocken daher besonders auf das Haltbarkeitsdatum.

Honig

In alternativen Kochbüchern für Babys wird manchmal Honig als Süßungsmittel angeraten. Doch ist Honig eben-

so wie Zucker im 1. Lebensjahr nicht empfehlenswert. Er prägt das Kind auf den Süßgeschmack und ist für die Zähne sogar schädlicher als Zucker.
Sehr selten enthält roher Honig das Bakterium *Clostridium botulinum,* das zu Vergiftungen führt. Dieses Bakterium produziert ein starkes Nervengift, welches durch Erhitzen zerstört werden kann. Honig kann im Säuglingsalter daher nicht empfohlen werden.

Honig in Fertigbreien ist zwar erhitzt, bleibt aber ein unerwünschtes Süßungsmittel. Zu Honig, Zucker und Süßstoff finden Sie weitere Informationen in unserem Buch *„Essen und Trinken im Säuglingsalter"* (☞ weiterführende Literatur).

Hülsenfrüchte

Hülsenfrüchte (Linsen, Bohnen, ☞ Soja) lösen oftmals Blähungen aus. Eine Ausnahme bilden Erbsen, die meist problemlos vertragen werden.
Sie sind Bestandteil von Gemüsebreien, runden den Geschmack ab und machen den Brei sämiger. Von allen Hülsenfrüchten sollten zuerst ☞ Erbsen in den Speiseplan des Kindes aufgenommen werden. Später können rote (gelbe) Linsen dazugenommen werden.

Karfiol (Blumenkohl)

Dieses mild süßliche Kohlgemüse ist normalerweise die erste Kohlsorte auf Babys Speiseplan. Ähnlich wie bei ☞ Brokkoli oder bei ☞ Kohlrabi kann Ihr Kind nach dem Genuss von Karfiol (Blumenkohl) Blähungen bekommen. Das liegt daran, dass Kohlarten nicht gänzlich verdaut werden und dass beim weiteren Abbau durch die Darmbakterien Gase entstehen. Beobachten Sie die Reaktion Ihres Kindes auf vorerst kleine Mengen, und weichen Sie evtl. auf andere Gemüsesorten aus.

Karotte (Möhre)

Karottenpüree ist bei uns meist die erste Beikost, die ein Kind bekommt. Gedünstete Karotten schmecken leicht süßlich und liefern größere Mengen an Carotin, einer Vorstufe von Vitamin A. Kinder reagieren auf Karotten ausgesprochen selten allergisch. Karotten sind aber mit der ☞ Sellerie verwandt, die häufiger Allergien auslöst. Es kann

im späteren Alter auch zu Kreuzreaktionen auch mit typischen (Brot)gewürzen kommen.

Es gibt einige Kinder, die auf die Gabe von Karotten mit Verstopfung (☞ ETS) reagieren. In diesem Falle kann das Karottenpüree durch ☞ Apfel, ☞ Birne oder Kartoffeln ergänzt oder durch ein Püree (Mus) auf der Basis von ☞ Kürbis oder ☞ Pastinake ersetzt werden.

Kartoffeln

In der Kombination mit Muttermilch, Milchnahrung oder Fleisch sind Erdäpfel (Kartoffeln) eine sehr wertvolle Eiweißquellen. Vor allem im Winter tragen sie maßgeblich zur Deckung des Vitamin-C-Bedarfes bei. Verwenden Sie mehlige Sorten, sie lassen sich leichter mitpürieren oder zerdrücken.

Wie viele andere Gemüsesorten sind Kartoffeln jedoch nicht zu jeder Jahreszeit frisch zu bekommen. Welke oder angetriebene Kartoffeln zeugen von schlechter Qualität!
Verwenden Sie nur makellose Ware. Wenn keine gute Qualität mehr erhältlich ist, ist es besser, Reisflocken anstelle von alten Kartoffeln zu verwenden.

Kartoffeln zählen zu den Nachtschattengewächsen. An den Stellen, wo sie grün, angetrieben oder beschädigt sind, befindet sich der Giftstoff Solanin, der beim Kochen weitgehend zerstört wird.
Verwenden Sie für Kinder trotzdem nur makellose Kartoffeln, die frei von grünen Stellen sind!

Kochschinken

☞ *siehe Schinken*

Kohlrabi

Gedünsteter Kohlrabi wird häufig als Bestandteil eines Gemüsebreies verwendet. Probieren Sie, ob Ihr Kind dieses Gemüse verträgt, bevor Sie größere Mengen anbieten oder portioniert tieffrieren (☞ Karfiol / Blumenkohl).

Kuhmilch

Milch ist der Hauptlieferant für Calcium, das zum Aufbau der Zähne und

Knochen benötigt wird. Babys decken ihren Bedarf an Calcium im 1. Lebensjahr durch Muttermilch oder Säuglingsmilchnahrung. Näheres zur Flaschenkost finden Sie in ☞ ETS.

Tierische Milch ist für die Zubereitung der täglichen Flaschennahrung im gesamten 1. Lebensjahr nicht geeignet!

Erhalten Kinder eine herkömmliche Säuglingsmilchnahrung (PRE, 1er, 2er), so kommen sie dadurch bereits mit Kuhmilcheiweiß in Kontakt. Das Eiweiß ist allerdings durch besondere Herstellungsverfahren verändert und so besser verdaulich gemacht worden.
Außerdem sind Vitamine und Mineralstoffe optimiert. Bei der Zubereitung des abendlichen ☞ Getreide-„Milch"-Breies gibt es zwei Möglichkeiten, Kuhmilch zu vermeiden. Wenn Sie noch stillen, verwenden Sie einen Getreide-Wasser-Brei, der mit etwas gekochtem Gemüse- oder Obstmus schmackhafter gemacht wird, und stillen in derselben Mahlzeit (innerhalb einer halben Stunde) dazu. So werden Muttermilch und Getreide gemeinsam verdaut.

Allergieprävention:
Manche Wissenschafter empfehlen zur Allergieprävention (☞ ETS) nach Möglichkeit im gesamten 1. Lebensjahr Kuhmilcheiweiß (Milch, Milchprodukte, Obers / Sahne) zu vermeiden, andere akzeptieren Milch im Getreide-Milchbrei schon ab dem 2. oder 3. Beikostmonat – nicht jedoch vor dem 7. Lebensmonat.
Langes Stillen und umsichtige Einführung der Beikost sind der bestmögliche Schutz vor einer Kuhmilchallergie.

Wenn Sie Flaschennahrung verwenden, geben Sie die Instantflocken in die entsprechende Menge fertig zubereiteter Säuglingsnahrung. Im Falle der Allergieprävention soll im 1. Halbjahr eine sogenannte HA-Nahrung verwendet werden.
Gläschen, die Milch, Obers (Sahne) oder Joghurt enthalten, und Getreidebreie, denen bereits Folgemilch zugesetzt ist, dürfen dann nicht verwendet werden. Wir haben in unserer ☞ „Gläschen-Übersicht" auf Milch verzichtet.

ABC DER ZUTATEN

> *Unabgekochte Rohmilch sollte aus Gründen der Hygiene bis zum 6. Lebensjahr gänzlich vermieden werden.*

Kürbis

Karotten dienen in der Regel als Basis für Gemüsebreie. Werden jene vom Säugling nicht gemocht oder vertragen, bietet sich Kürbis als beliebtes Beikostgemüse an. Kürbis enthält viele Mineralstoffe und Vitamine – vor allem aber 10 % der Mengen an Carotin, wie sie in der Karotte zu finden sind. Kürbis ist jedoch nur saisonal erhältlich und muss bei Bedarf portioniert tiefgefroren werden (☞ Kapitel *„Tipps für die Zubereitung"*). Sorgen Sie schon im Herbst vor, auch wenn Ihr Kind erst im Frühling beikostbereit sein wird.

Mais

Maisgrieß (Polenta), möglichst aus biologischer Landwirtschaft, eignet sich gut zur Zubereitung verschiedener Breie. Im Gemüsebrei kann aber auch pürierter BIO-Tiefkühlmais verwendet werden. Die Breie sind ideal als Juniorkost mit etwas gröberer Textur.

> *Vermeiden Sie Mais aus der Dose, sein Salzgehalt ist zu hoch!*

Margarine

Butter wird von namhaften ExpertInnen in der Säuglingsernährung als Streichfett bevorzugt. Margarine ist das künstlichere Produkt und beinhaltet gehärtete Fette.
Besteht jedoch beim Kind bereits eine vom Kinderarzt oder Allergologen diagnostizierte Kuhmilchallergie, muss Butter durch milchfreie Margarine (z. B. aus dem Reformhaus) ersetzt werden. Fragen Sie im Zweifelsfall Ihrer Ärztin!

Marille (Aprikose), Pfirsich

Marillen und Pfirsiche, die stuhlauflockernde Wirkung haben, eignen sich gut für die Säuglingsernährung. Sie können ein Fruchtmus daraus zubereiten oder unsere Baby-Süßspeisen, z. B. Reismilch-Reis damit probieren.

Melonen

Im Sommer sind auch Wasser- oder Honigmelonen als Obstsorte gut geeignet. Sie sollten frühestens ab dem 9. Monat und immer entkernt angeboten werden.

Achten Sie darauf, dass Ihr Kind sich nicht daran verschlucken kann! Mittlerweile gibt es auch kernlose, etwas süßere und kleinere Wassermelonen auf dem Markt. Diese sind außerdem leichter zu transportieren.

Milchprodukte

Joghurt, Sauermilch, Topfen (Quark), Topfencremen (Quarkspeisen z. B. Kinderdesserts) sind im Säuglingsalter ungeeignet, denn der Eiweißgehalt in diesen Milchprodukten ist für Säuglinge noch relativ hoch.
Auch Käsesorten, die noch stärker konzentrierte Milchprodukte sind, sollen daher erst im 2. Lebensjahr auf dem Speiseplan stehen!

Möhre
siehe Karotte

Nitratreiche Gemüsesorten

Rote Rüben (Rote Beete, Randen, Ronen), ☞ Spinat, Kohl und ☞ Fenchel zählen zu den nitratreichen Gemüsesorten. Aber auch Blattsalat, ☞ Brokkoli, ☞ Karfiol (Blumenkohl), ☞ Kartoffeln und ☞ Sellerie können sehr viel Nitrat enthalten.
Der Nitratgehalt ist abhängig von Anbau und Erntezeitpunkt. Bei Sonneneinstrahlung während der Erntetage ist er geringer.

> **Nitrat in Gemüse**
> *Vermeiden Sie bei nitratreichen Sorten die Verwendung von Glashausgemüse! Das Gemüse sollte idealerweise bei vollem Sonnenlicht geerntet worden sein.*
> *Bei der Zubereitung von Gemüsebreien sollten Sie nitratreichere Gemüse immer mit Vitamin-C-reichem Obst bzw. Obstsaft oder mit nitratarmen Gemüsesorten (☞ Tomaten, Paprika, Erbsen, Gurken) bzw. mit ☞ Getreide kombinieren.*

ABC DER ZUTATEN

ABC DER ZUTATEN

> *Zweimaliges Erwärmen nitrathaltiger Breie schafft einen idealen Nährboden für Bakterien, die Durchfall verursachen oder Nitrat – über Umwandlung in Nitrit – in krebserregende Stoffe verändern können.*
> *Werfen Sie die Reste von erwärmtem Brei deshalb immer weg oder essen Sie sie selbst! Verzichten Sie darauf, sie ein 2. Mal für Ihr Kind zu erwärmen!*

> **Pilzgifte in Nüssen:**
> *Nüsse können außerdem Spuren von Schimmelpilzen und deren Giften enthalten, deshalb sind Mandeln und Sonnenblumenkerne im 1. oder 2. Lebensjahr die ersten Sorten, die in den Speiseplan aufgenommen werden. Denn sie sind vergleichsweise pilzfrei und allergenarm.*

Nüsse und Samen

Nüsse (Haselnüsse, Walnüsse) und Erdnüsse zählen zu den Lebensmitteln, die häufig Allergien auslösen. Außerdem können sich Säuglinge und Kleinkinder an zerteilten oder ganzen Nüssen leicht verschlucken. Gerieben oder als (Mandel)mus sind sie einsetzbar.

Obstsaft

Die Zugabe von Obstsaft soll den Gehalt an Vitamin C im Brei erhöhen. Vitamin C verbessert die Ausnutzbarkeit von Eisen aus dem Gemüse und den Getreideflocken. Beikostbreie werden normalerweise mit Baby-Obstsäften zubereitet, die pro 100 ml mind. 40 mg Vitamin C aufweisen.

Viele Sorten im Handel (z. B. Apfelsäfte) enthalten jedoch nur 25 bis 30 mg Vitamin C.

Wenn Sie solche verwenden wollen, müssen die Saftmengen im Brei entsprechend um etwa 50 % erhöht werden. Fügen Sie zu den Standard-Fleischbrei z. B. 3 TL statt 1 EL hinzu.

Als Saft eignet sich spezieller Baby-Saft oder ab dem 9. Monat frisch gepresster Orangensaft, sofern Ihr Kind darauf nicht mit wundem Po reagiert. Der Saft kann evtl. im ☞ Eiswürfelbehälter portioniert tiefgefroren werden.

> *Verwenden Sie bitte bei empfindlichen bzw. allergiegefährdeten Kindern keinen (frisch gepressten) Orangensaft, sondern Apfelsaft, Traubensaft oder sortenreinen Beerensaft.*

Öl, Pflanzenöl

Ab dem 7. Monat sollen selbst gefertigte Breie etwa 1 TL Fett je 100 g enthalten. Es macht Sinn, als Fettquelle entweder herkömmliches Maiskeim-, Sonnenblumen- oder am besten Rapsöl zu verwenden. Pflanzenöl liefert nicht nur Energie, sondern auch fettlösliche Vitamine (die Vitamine A, E, D und K) und sehr wichtige „ungesättigte" Fettsäuren (z. B. Linolsäure), die der Körper besonders für das Zellwachstum braucht. Rapsöl enthält außerdem noch wichtige Omega-3-Fettsäuren, die unter anderem für die Gehirnreifung notwendig sind.

Kaltgepresste Öle enthalten natürliche aromatische Verbindungen, die für den intensiveren Eigengeschmack verantwortlich sind, und möglicherweise Verunreinigungen. Diese können die Niere des Babys belasten. Kaltgepresste Öle werden daher vom Forschungsinstitut für Kinderernährung Dortmund erst ab dem 12. Lebensmonat empfohlen. Das bringt viele fürsorgliche Eltern in eine Zwickmühle, weil Öle von biologischer Qualität kaltgepresst sind. Wir empfehlen trotzdem, im 1. Lebensjahr herkömmliche Öle zu verwenden und mit dem Umstieg auf Familienkost zu biologischer Qualität zu wechseln.

> *Die Fettzugabe erfolgt immer erst bei Esstemperatur, damit das Fett nicht zu sehr erhitzt wird und das Vitamin E möglichst erhalten bleibt.*

Paniermehl
siehe Brösel

Paprika

Paprikagemüse ist nicht nur nitratarm, sondern enthält auch sehr hohe Mengen an Vitamin C (☞ Breizugabe). Jedoch wird Paprika (auch gekocht) von Kindern vereinzelt nicht gut vertragen.

ABC DER ZUTATEN

Pastinake

Die Pastinake ist ein mit Karotte und ☞ Sellerie verwandtes, süßliches Wurzelgemüse, das sich hervorragend für die Säuglingsernährung eignet. Es ist oft nur im Bioladen erhältlich, lässt sich aber auch im eigenen Garten anbauen. Pastinaken können als Alternative zur Karotte oder als Bestandteil eines gemischten Gemüsebreies verwendet werden. Sie enthalten im Gegensatz zu Karotte aber kaum Carotin.

Pfirsich
siehe Marille

Reis

Reis ist oft die erste Sorte ☞ Getreide, die dem Kind in größeren Mengen angeboten wird, da er glutenfrei und leicht verdaulich ist. Allerdings kann die Zugabe von Reisschleim (Reisflocken) eine bestehende Verstopfung verstärken.
Breie, die zu flüssig sind, können Sie mit 1 oder 2 TL Instant-Reisschleim eindicken. Instantflocken müssen nicht nochmals aufgekocht werden.

Salz

Säuglingskost sollte möglichst ungesalzen sein! Verwenden Sie als ☞ Gewürz besser frische Kräuter (z. B. Petersilie). Babys brauchen keine gewürzten Breie, da sie im Verhältnis zum Erwachsenen 3-mal so viele Geschmacksknospen auf der Zunge haben. Sobald Ihr Kind ☞ Brot oder ☞ Wurstwaren zu essen beginnt, erhält es außerdem genügend Salz in versteckter Form.
Die Jodversorgung ist durch Muttermilch oder Säuglingsmilchnahrung gegeben, solange mind. 2 bis 3 Mahlzeiten milchhaltig sind und die stillende Mutter ausreichend mit Jod versorgt ist (☞ *„Essen und Trinken in der Stillzeit"*). Nach dem 1. Lebensjahr soll jodiertes Kochsalz in Maßen zum Würzen verwendet werden.

Schinken (Kochschinken)

Bei der industriellen Produktion von Gläschen mit Schinken wird speziell salzarmer, gekochter Schinken (Kochschinken) verwendet. Schinken hat normalerweise einen hohen Salzgehalt, weshalb er frühestens beim Umstieg auf Familienkost empfohlen ist.

Setzen Sie Schinken oder magere Wurstsorten frühestens ab dem 11. Monat in kleinen Mengen und immer zusammen mit salzfreier Beikost auf den Speiseplan. Halten Sie dabei ausreichend Wasser oder ungesüßten Tee als Durstlöscher bereit!

Schwarzwurzel

Zu den ballaststoffreichsten Gemüsesorten zählt die Schwarzwurzel. Klein geschnitten, weich gekocht und püriert ist sie auch in der Säuglingskost verwendbar und verbessert die Verdauung bei Verstopfung.

Sellerie

Sellerie zählt zu den mittelmäßig ☞ nitratreichen Gemüsesorten und wird gerne gemischten Gemüsebreien zugegeben, um dem Brei Geschmack zu verleihen. Da Sellerie relativ häufig Allergien auslöst, wird diese Zutat bei erhöhtem Allergierisiko erst mit etwa einem Jahr und vorerst ausschließlich gekocht verwendet.

Besteht eine Allergie auf Sellerie oder Karotte, so empfehlen wir Ihnen unser Merkblatt „Kreuzreaktionen bei Allergien auf Sellerie, Karotte und Co.". Dies ist erhältlich in unserem Online-Shop (www.hanreich-verlag.at).

Soja

Die Sojabohne gehört zu den ☞ Hülsenfrüchten. Da sie häufig Blähungen auslöst, sollte sie evtl. im 1. Lebensjahr vermieden werden. Tofu (Sojakäse) ist in der Regel auch zu sehr eiweißreich. Handelsübliche Sojamilch für Erwachsene entspricht im Mineralstoff-, Vitamin- und Eiweißgehalt nicht den Bedürfnissen eines Babys.

Soja soll nur dann im 1. Lebensjahr und nur als industrielle Säuglingsnahrung auf Sojamilchbasis Eingang finden, wenn Ihr Kind ohne kuhmilchhältige Milchnahrung ernährt werden soll.

Spinat

Spinat liefert mehr Eisen als die meisten Gemüsesorten. Aber so hohe Ei-

senmengen, wie man ihm früher zugeschrieben hat, enthält er nicht.
Hingegen findet sich darin Oxalsäure, eine Säure, die Calcium bindet und so die Aufnahme dieses wichtigen Mineralstoffes in den Körper verringert.

Außerdem zählt Spinat zu den ☞ nitratreichen Gemüsesorten. Herkömmlicher Tiefkühlspinat oder Spinat aus dem eigenen Garten kann viel mehr Nitrat als kontrollierter Gläschenspinat enthalten. Herkömmlicher Spinat ist für die Ernährung des Babys – aber auch für die Ernährung im 2. Lebensjahr – nicht geeignet! Deshalb ist hier die Verwendung von Gläschenkost vorzuziehen.

Wenn Sie für Ihr Kleinkind trotzdem frischen, eigenen Spinat verwenden wollen, so nehmen Sie ausschließlich Spinat, der vor und bei der Ernte genug Sonneneinstrahlung hatte und nicht gedüngt wurde. Der Gehalt an Nitrat ist nach Düngung und bei Glashausspinat besonders hoch.

Nehmen Sie für Kleinkinder nur die Blattanteile. Stiel und Blattrippen bleiben besser den Erwachsenen vorbehalten. Denn der Nitratgehalt ist im Stiel und in den Blattrippen am allerhöchsten.
Überbrühen Sie Spinat für ca. 3 Minuten mit heißem Wasser. Etwa die Hälfte des Nitrates geht dabei ins Kochwasser über. Dieses soll abgegossen werden und nicht in den Brei gelangen.

Suppenwürfel (Brühwürfel)

Auf Grund des hohen Salzgehaltes sind Suppenwürfel und gesalzene Suppenwürzen im 1. Lebensjahr nicht geeignet.
Fast alle Würzen enthalten zudem den Geschmacksverstärker Natriumglutamat, der in der Säuglingsernährung ohnehin keinen Einsatz finden sollte. Verwenden Sie am besten ausschließlich reine Fleisch- bzw. Gemüsesuppen.

Teigwaren (z. B. Fleckerln)

Teigwaren sollen zu Beginn der Beikost eifrei sein. In unserem Rezept für Schinkenfleckerl auf Seite 100 werden typischerweise kleine, maschenförmige Teigwaren verwendet. Sie können jedoch auch zu Teigwaren in anderen Formen greifen.

Tomaten

Schon wegen der roten Farbe sind Paradeiser (Tomaten) und Saucen daraus bei Kindern sehr beliebt. Sekundäre Pflanzeninhaltsstoffe (z. B. Farbstoffe) aus den erhitzen Tomaten wirken als Schutz vor diversen Erkrankungen.

Säuglinge reagieren auf Tomaten jedoch oft mit wundem Po, da sie relativ viel Säure enthalten. Außerdem zählten sie zu den Nachtschattengewächsen, und nicht jedes Kind mag den typischen Geschmack.

Verwenden Sie Tomaten daher erst ab dem 9. Lebensmonat und dann nur als Bestandteil gemischter Gemüsebreie. Keinesfalls sollten Sie Ketchup im 1. Lebensjahr verwenden, da viel Zucker und Salz zugesetzt ist.

> *Achten Sie bei der Auswahl der **Tomaten** auf hohe Qualität! Von unreif geernteten Früchten aus Glashausanbau ist entschieden abzuraten! Sie enthalten Solanin (☞ Kartoffeln).*
>
> *Tomaten enthalten relativ viel **Histamin**, weshalb sie bei Histaminunverträglichkeit (einer allergieähnlichen Erkrankung) eingeschränkt werden müssen.*

Wasser

Wasser spielt im 1. Lebensjahr eine große Rolle bei der Zubereitung von Säuglingsnahrung oder Beikost. Achten Sie hier auf Qualität! Säuglingsnahrung sollte nur dann mit (abgekochtem) Leitungswasser (Hahnenwasser) zubereitet werden, wenn der Nitratgehalt weniger als 30 mg pro Liter beträgt.

Ihr Wasserwerk / Gemeindeamt erteilt Ihnen genaue, aktuelle Auskunft über den Nitratgehalt im Wasser.

In manchen Altbauten bestehen noch Wasserleitungen aus Bleirohren. Dieses Wasser sollte Säuglingen nicht gegeben werden. Zu Problemen kommt es auch bei alten Kupferrohren, wenn der pH-Wert des Wassers 7,3 oder niedriger und das Wasser gleichzeitig sehr hart ist (Härtebereich 4 für Waschmittel oder deutsche Härte größer als 21). Auch ganz neu verlegte Rohre sind nicht unbedenklich. Lassen Sie das Wasser vorab länger laufen!

Wasser aus Hausbrunnen darf nur dann genossen werden, wenn es hygienisch einwandfrei ist, regelmäßig auf

den Nitratgehalt hin kontrolliert wird und weniger als 30 mg Nitrat pro Liter enthält.
Entspricht das Leitungswasser (Hahnenwasser) nicht diesen Voraussetzungen, dann sollten Sie abgekochtes Mineralwasser, das den Vorgaben *„geeignet zur Zubereitung von Säuglingsnahrung"* entspricht (☞ ETS), verwenden.

In der Schweiz zählen Evian, Fontessa Elm, Henniez blau, Volvic und Vittel „Bonne Source" zu den für die Säuglingsnahrung geeigneten Wässern.

In Deutschland tragen unter anderem folgende Wässer die Bezeichnung *„geeignet zur Zubereitung von Säuglingsnahrung":* Adelholzer, Bad Vilbeler Elisabethen, Franken Brunnen von Silvana Quelle, Fürst Bismarck Quelle, Krumbach, Rumina und Vilsa.
Deutschland legt auch einen Höchstwert für Uran im Babywasser fest, der in Österreich nicht übernommen wurde. Von dem vom österr. Verein für Konsumenteninformation auf den Urangehalt getesteten österr. Babywässern hat nur das Frankenmarkter Mineralwasser gut abgeschnitten. Silberquelle und Vöslauer liegen knapp über diesem Höchstwert. Gasteiner liegt so viel darüber, dass es als Babywasser nicht verwendet werden soll. Bonaqua, Kobersdorfer Waldquelle und Montes, die weiteren *„zur Zubereitung von Säuglingsnahrung geeigneten"* Mineralwässer wurden vom Verein für Konsumenteninformation nicht untersucht.
Durch das Abkochen wird Mineralwasser, egal ob „prickelnd" oder „still", ganz frei von Kohlensäure, die für Säuglinge nicht geeignet ist. In der Babyabteilung mancher Supermärkte erhält man auch sogenannte Babywässer. Meist sind sie teurer, aber nicht unbedingt besser als die oben erwähnten „babytauglichen" Markenmineralwässer.
Nähere Informationen über die Auswirkungen von Nitrat im Säuglingsalter sowie über die Höchstwerte an Mineralstoffen in Mineralwasser, das für Babynahrung geeignet ist, finden Sie im Buch ☞ ETS.

Weintrauben, Rosinen

Weintrauben enthalten viel Süße und sind als Kompott oder entkernt als Frischobst sehr beliebt. An ganzen Beeren kann sich Ihr Kind evtl. verschlucken. Getrocknet, als Rosinen,

sind Weintrauben ein gängiges Süßungsmittel, das zerkleinert sparsam verwendet werden darf. Bei ganzen Rosinen besteht Verschluckungsgefahr.

Wurstwaren

Wurstwaren werden neben Kochsalz auch scharfe Gewürze und nitrathaltige Pökelsalze zugesetzt. In manchen Wurstsorten sind große Mengen an tierischem Fett versteckt. Sie sollen selbst im Erwachsenenalter nur selten auf dem Speiseplan stehen. Bieten Sie deshalb Wurst oder ☞ Schinken / Kochschinken), die nicht aus einem Gläschen stammen, frühestens ab dem 11. Monat, nur in kleinen Mengen und immer zusammen mit salzfreier Beikost an. Halten Sie außerdem ausreichend Wasser oder ungesüßten Tee (☞ Getränke) als Durstlöscher bereit!

Zitrusfrüchte

Im Rezeptteil empfehlen wir, den Breien eventuell Orangensaft (☞ Obstsaft) beizumengen, um den Gehalt an Vitamin C in der Beikost anzuheben und um das Eisen in der Nahrung besser auszunützen. Reagiert Ihr Kind darauf mit wundem Po oder gar mit allergischem Ausschlag, können Sie stattdessen etwas größere Mengen an Baby-Apfelsaft oder ☞ Paprika beifügen.
Als Obst werden Zitrusfrüchte – abgesehen von enthäuteten Mandarinen – auf Grund des hohen Säuregehaltes meist erst im 2. Lebensjahr angeboten.

Zucchini (Zucchetti)

Säuglinge essen dieses milde Kürbisgemüse gern im Gemüsebrei. Manchmal enthält Zucchini (Zucchetti) jedoch Bitterstoffe. Probieren Sie das Gemüse daher immer vorher selbst!

Zucker

Im 1. Lebensjahr können Sie auf Zucker als zusätzliche Zutat gänzlich verzichten. Kuchen und Kekse enthalten davon meistens mehr als nötig. Auch in unseren Keks- und Kuchenrezepten kommen wir nicht gänzlich ohne Zucker als Zutat aus.
Sie können aber stattdessen mit ☞ Apfel- oder mit ☞ Birnendicksaft süßen. Diese sind naturbelassener.

TIPPS FÜR DIE ZUBEREITUNG

Auswahl der Zutaten

Während Gläschenkost eine Vielzahl von Kontrollen auf Schadstoffe und Rückstände durchlaufen muss, können Sie bei Selbstzubereitung nur eine entsprechende Auswahl treffen und auf die Qualität der Zutaten vertrauen.
Als Zutaten für Babybreie sollten deshalb möglichst alle Lebensmittel von hoher (BIO-)Qualität sein, auch wenn Anbau bzw. Einkauf arbeitsintensiver oder etwas teurer werden. Achten Sie beim Einkauf auf das BIO-Kontrollzeichen und auf eine Kennzeichnung durch anerkannte BIO-Verbände (z. B. Demeter, Ernte, Bioland). Nähere Information dazu auch in unserem Merkblatt *„Bioprodukte und ihre Gütesiegel"*. Dies ist erhältlich in unserem Online-Shop (www.hanreich-verlag.at).

Nicht immer gibt es einen BIO-Laden ums Eck und auch sonst kann Einkaufen mit Babys anstrengend sein.
Planen Sie Ihre Einkäufe, schreiben Sie Einkaufslisten und organisieren Sie bei Bedarf Unterstützung von Freunden, Verwandten oder Ihrem Partner.
Kaufen Sie keine Produkte, die an stark befahrenen Straßen auf dem Gehsteig angeboten werden. Hier sammeln sich Schadstoffe auf der oft nicht so leicht zu reinigenden Oberfläche an.
Bevorzugen Sie im Winter Tiefkühlprodukte, wenn Sie kein qualitativ hochwertiges, saisonales Obst oder Gemüse erhalten.

Machen Sie bei tiefgefrorenem, losem Stückgut die Schüttelprobe: Zusammenklebendes Stückgemüse kann bedeuten, dass die Tiefkühlware zwischendurch angetaut war.
Legen Sie tiefgekühlte Waren erst zum Schluss in den Einkaufskorb und wickeln Sie sie für den Transport nach Hause in Zeitungspapier oder geben Sie sie in eine Kühltasche.

Das Mindesthaltbarkeitsdatum („Ablaufdatum") auf dem Etikett gibt Ihnen einen Hinweis auf die Frische des Produktes. Besonders bei leicht verderblichen Produkten (Fleischwaren, Frischmilch) ist das sehr wichtig. Keinesfalls sollten Sie Waren mit abgelaufenem Haltbarkeitsdatum kaufen.

Welkes oder zu lange gelagertes Gemüse ist nicht geeignet. Unsere Saisonkalender helfen Ihnen in jeder Jahreszeit frisches Gemüse auszusuchen. Wählen Sie keinesfalls Konservenprodukte, ihr Vitamingehalt ist zu gering und ihr Salzgehalt zu hoch.
Achten Sie bei der Auswahl von Gemüse und Obst nicht nur auf Frische, sondern Ihrem Kind zuliebe auch auf Regionalität und Saisonalität.

Nachfolgend finden Sie die Saisonkalender für Deutschland, Österreich und die Schweiz.
Trotz der regionalen Nähe ergeben sich je nach der seitlich angegebenen Quelle unterschiedliche Kernsaisonzeiten.

Saisonkalender für Deutschland

Monat	01	02	03	04	05	06	07	08	09	10	11	12
Apfel	░	░	░	░				▓	▓	▓	▓	░
Aprikose						▓	▓	▓				
Banane	░	░	░	░	░	░	░	░	░	░	░	░
Birne								▓	▓	▓	▓	
Blumenkohl			░	░	░	▓	▓	▓	▓	▓	░	
Brokkoli						▓	▓	▓	▓	░		
Erbse						▓	▓	▓				
Erdbeere					▓	▓	▓					
Fenchel								▓	▓	▓		
Heidelbeere							▓	▓				
Karotte	░	░	░	░		▓	▓	▓	▓	▓	░	░
Kartoffel	░	░	░	░			▓	▓	▓	▓	░	░
Kohlrabi					▓	▓	▓	▓	▓	▓		
Kürbis									▓	▓	▓	
Lauch / Porree	░	░	░				▓	▓	▓	▓	▓	░
Melone							▓	▓	▓			
Pastinake									▓	▓	▓	░
Pfirsich							▓	▓	▓	░		
Salatgurke						▓	▓	▓	▓	▓		
Schwarzwurzel	░									▓	▓	░
Sellerieknolle	░	░							▓	▓	▓	░
Spinat				▓	▓	▓	▓		▓	▓		
Tomate						▓	▓	▓	▓	▓		
Weintraube								▓	▓	▓	░	
Zucchini						▓	▓	▓	▓	▓		

░ Monate mit großem Angebot   ▓ überwiegend aus einheimischem Freilandbau

Quelle: nach aid infodienst, Deutschland

Saisonkalender für Österreich

Monat	01	02	03	04	05	06	07	08	09	10	11	12
Apfel	L	L	L	L	L		R	R	R	R	L	L
Banane												
Birne	L	L					R	R	R	R	L	L
Brokkoli						R	R	R	R	R		
Erbse						R	R	R				
Erdäpfel	L	L	L	L		R	R	R	R	R	L	L
Erdbeere					R	R	R					
Fenchel						R	R	R	R	R		
Gurke						R	R	R	R			
Heidelbeere							R	R				
Karfiol						R	R	R	R	R		
Karotte	L	L	L	L	L	R	R	R	R	R	L	L
Kohlrabi				R	R	R	R	R	R	R		
Kürbis							R	R	R	R	R	
Marille							R	R				
Melone								R	R			
Lauch	L	L					R	R	R	R	R	R
Paradeiser						R	R	R	R	R		
Pastinake	L	L	L	L					R	R	L	L
Pfirsich							R	R	R			
Schwarzwurzel	L	L	L	L						R	R	R
Sellerie	L	L	L	L	L		R	R	R	R	L	L
Spinat				R	R	R	R	R	R	R		
Weintraube									R	R		
Zucchini						R	R	R	R	R		

L = Lagerware, R = reif in Österreich

Quelle: nach Bio-Info, Österreich

Saisonkalender für die Schweiz

Monat	01	02	03	04	05	06	07	08	09	10	11	12
Apfel	L	L	L	L	L	L	F	F	F	F	L	L
Aprikose							F	F				
Banane	L	L	L	L	L	L	L	L	L	L	L	L
Birne	L	L	L	L	L	L	F	F	F	F	L	L
Blumenkohl					F	F	F	F	F	F		
Brokkoli						F	F	F	F			
Erbse						F	F					
Erdbeere					F	F	F	F				
Fenchel						F	F	F	F	F		
Gurke					F	F	F	F	F			
Heidelbeere							F	F				
Karotte	L	L	L	L	F	F	F	F	F	F	L	L
Kartoffel	L	L	L	L	L	F	F	F	F	F	L	L
Kohlrabi				F	F	F	F	F	F			
Kürbis	L	L						F	F	F	L	L
Lauch	L	L	L	L	L	F	F	F	F	F	F	F
Melone							F	F	F			
Pastinake	L	L	L							F	L	L
Pfirsich							F	F				
Schwarzwurzel	L	L	L							L	L	L
Sellerie								F	F	F	L	L
Spinat		F	F	F	F				F	F		
Tomate						F	F	F	F	F		
Weintraube									F	F		
Zucchetti					F	F	F	F	F			

Legende: L = ab Lager, F = frisch

Quelle: nach Bio Suisse, Schweiz

Lebensmittel richtig lagern!

Haben Sie beim Einkauf qualitativ hochwertige Lebensmittel gefunden, gilt es nun, diese so schonend zu lagern, dass sie nicht verderben und möglichst viele Vitamine erhalten bleiben. Schlichten Sie neue Vorräte immer nach hinten ins Regal und verbrauchen Sie zuerst die ältere Ware.

Lagern Sie Getreide, Getreideprodukte und Hülsenfrüchte bei Zimmertemperatur trocken und lichtgeschützt. Füllen Sie Hirse, Buchweizen, Polenta und sonstige Getreideprodukte in dicht schließende Behälter aus Glas, Metall oder Kunststoff um, da Papier- oder Folienverpackungen keinen ausreichenden Schutz vor Schädlingen bieten.
Kontrollieren Sie die Lebensmittel regelmäßig auf etwaigen Schädlingsbefall. Schädlinge bringen sehr häufig Krankheitserreger mit sich, die Lebensmittelinfektionen und -vergiftungen verursachen können. Lebensmittel und fertige Speisen müssen deshalb zu jeder Zeit vor der Übertragung von Keimen durch Insekten, Nager und andere Tiere geschützt werden.
Getreide und Getreideprodukte sind besonders gefährdet, aber praktisch alle Lebensmittel – außer Salz und reinen Fetten – können Schädlinge beherbergen.

Kleinere Mengen Gemüse lagern am besten im Gemüsefach des Kühlschrankes. Dadurch werden die Reifung und der Verderb von Gemüse oder Obstsorten verzögert. Kälteempfindliche Gemüsearten (z. B. Zucchini / Zucchetti, Gurken) werden im Kühlschrank in der Gemüselade (mit luftdichter Verpackung) bei 5 bis 12 °C aufbewahrt. Südfrüchte (z. B. Bananen), Tomaten und Brot gehören nicht in den Kühlschrank.

Unreife Gemüse- oder Obstsorten (z. B. Tomaten, Bananen), deren Reifung man beschleunigen möchte, können bei Raumtemperatur gelagert werden. Lange lagerfähiges Obst und Gemüse (z. B. Äpfel, Wurzelgemüse, Kartoffeln und Zwiebel) werden am besten trocken, kühl (bei 8 bis 12 °C) und dunkel gelagert. Wenn Sie einen Vorratskeller

> *Schädlinge in Lebensmitteln*
> *Befallene Lebensmittel dürfen nicht mehr verzehrt werden, sie sollten auch nicht an Haustiere verfüttert werden.*
>
> *Verpacken Sie befallene Lebensmittel dicht und werfen Sie sie sofort weg! Durchsuchen Sie den gesamten Vorratsschrank gründlich und reinigen Sie auch schwer zugängliche Ritzen und Ecken mit dem Staubsauger.*
>
> *Lassen Sie fertige Gerichte nicht lange offen stehen, denn Insekten können Bakterien auf die Speisen verschleppen.*

bzw. Erdkeller besitzen, können Sie im Herbst größere Mengen Karotten oder Rüben in einer Kiste mit feuchtem Sand lagern, sie halten sich dadurch monatelang frisch.

Empfindliche Lebensmittel (Milchprodukte, Eier und Fleischwaren) und fertige Speisen sind für wenige Tage im Kühlschrank gut aufgehoben. Geben Sie jedes Lebensmittel an seinen richtigen Platz im Kühlschrank.

Legen Sie Geflügel, Fisch und Eier möglichst isoliert in den Kühlschrank, um die Gefahr einer Lebensmittelvergiftung (z. B. durch Salmonellen) zu verhindern! Frischen Fisch sollten Sie nicht länger als 24 Stunden und max. bis +2 °C (im hinteren, unteren Bereich des Kühlschranks) aufbewahren.

Frischfleisch geben Sie am besten gleich nach dem Einkauf in einem verschließbaren Gefäß (z. B. aus Glas, Plastik oder Porzellan) in den kältesten Bereich des Kühlschranks (zwischen 0 °C und +4 °C). Verarbeiten Sie Faschiertes (Hackfleisch) unbedingt noch am gleichen Tag oder frieren Sie es tief. Vakuumverpacktes Fleisch sollten Sie circa eine Stunde vor der Zubereitung aus der Folie nehmen und im Kühlschrank auslüften lassen, damit die Luft an die Zellen gelangen kann und dadurch die Fleischfarbe wieder schön rot wird.

Fertige Speisen sollen nicht lange warm gehalten werden. Will man sie längere Zeit aufbewahren, so sind sie möglichst rasch abzukühlen und gekühlt max. 1 bis 2 Tage zu lagern. Sie können auch über einen längeren Zeitraum bei mind. −18 °C tiefgefroren werden. Beim Tieffrieren werden empfindliche Vitamine (z. B. Vitamin C) in einem Monat weniger stark abgebaut als bei eintägiger Aufbewahrung im Kühlschrank.

Schimmel auf Lebensmitteln zeigt fast immer einen Verderb an (Ausnahme: Käseschimmel und Salamischimmel)!
Entsorgen Sie das gesamte Lebensmittel, da die Ausläufer des Schimmels nicht immer ersichtlich sind, aber weit ins Lebensmittel hineinreichen können.

Geräte für die Zubereitung

Zur Zubereitung der Breie sind hohe Töpfe mit kleinem Durchmesser sinnvoll, in denen gleich püriert werden kann. Edelstahltöpfe oder solche aus Email mit passendem Glasdeckel sind am besten geeignet. Auf Großmutters Aluminiumtopf sollten Sie verzichten! Für Einzelportionen eignen sich kleine Töpfe, fürs Kochen auf Vorrat brauchen Sie einen großen Topf.
Besonders praktisch ist ein Dämpfeinsatz für den Kochtopf, wenn das Kochwasser nicht zum Pürieren verwendet wird.

ZUBEREITUNG

Wichtige Küchenhelfer
Eine Küchenmaschine mit Mixaufsatz, ein Mixer oder ein Pürierstab sind unerlässlich.

Achten Sie insbesondere beim Kauf von Letzterem darauf, dass der untere Teil aus Metall ist, damit auch heiße, frisch gekochte Zutaten problemlos püriert werden können!

Messbecher und Küchenwaage leisten gute Dienste beim Zubereiten und Portionieren. Küchenmesser, Kochlöffel & Gemüseschäler sind eine notwendige Standardausrüstung. Kaufen Sie nach Möglichkeit neue Schneidbretter bzw. Kochlöffel, wenn die alten rissig sind. In den Ritzen fühlen sich krankheitserregende Bakterien sehr wohl.

Mit einer Glasreibe lässt sich das Frischobst besonders fein schaben. Der Brei wird dadurch sämiger. Eine Kartoffelpresse ist gut, um die Püree-Kartoffeln zu Brei verarbeiten zu können.
Zur Aufbewahrung der Breie dienen Gläschen, zur Bevorratung der Zutaten Frischhaltedosen.
Eiswürfelbehälter sind hilfreich, wenn portionsweise der erste Brei bzw. die Saft- oder Fleischzugabe tiefgefroren werden soll.

Hygienemaßnahmen bei der Zubereitung

Mangelnde Hygiene bei der Zubereitung von Beikost kann zur Vermehrung und Ausbreitung von Bakterien führen. Diese können Lebensmittelvergiftungen auslösen. Für Ihr Baby stellen Campylobacter, Salmonellen und Co. eine große Belastung dar. Es kann zu langanhaltendem Durchfall und großen Flüssigkeitsverlusten kommen.
Bitte nehmen Sie Durchfall bei Babys und Kindern ernst und kontaktieren Sie umgehend Ihre Kinderärztin.

Dies können Sie vorbeugend tun:
- **Waschen Sie Geschirrtücher** in kurzen Zeitabständen bei heißen Temperaturen und wechseln Sie **Putzlappen und Schwämme häufig.** Verwenden Sie eventuell Papiertücher für die Reinigung stark verschmutzter Arbeitsflächen. Benutzen Sie nur saubere und einwandfreie Bürsten und nehmen Sie eine eigene Gemüsebürste zur Reinigung von Lebensmitteln.

- **Säubern Sie Maschinen, Arbeitsflächen und Messer sofort** nach Benutzung mit heißem Wasser und Reinigungsmittel, denn Lebensmittelreste und Verunreinigungen trocknen an und lassen sich dann nur schwer entfernen. Sie bilden unsichtbare Keimherde für Bakterien.

- **Waschen Sie sich** vor jeder Essenszubereitung und vor dem Essen **die Hände** mit warmem Wasser und Seife – vor allem nach dem Besuch der Toilette, nach dem Windelwechseln, nach Gartenarbeiten und nach Tierkontakten.

- Waschen Sie sich auch gründlich die Hände nach dem Naseputzen, wenn Sie erkältet sind und kochen wollen, und **vermeiden Sie es, auf Lebensmittel zu husten oder zu niesen.** Auch im Nasen- und Rachenbereich von gesunden Menschen finden sich Keime, die auf Speisen gelangen können.

- Haben Sie sich an den Händen verletzt, dann **decken Sie** die **Wunden** vor der Essenszubereitung am besten mit einem wasserdichten Pflaster oder einem Gummihandschuh **ab.**

- Verwenden Sie im Haushalt möglichst **Schneidbretter aus Kunststoff, Glas oder Stein** und erneuern Sie diese, wenn sie übermäßig zerkratzt sind. Holzbretter sollten immer aus Hartholz sein, mit Essigreiniger gesäubert und immer gut getrocknet werden.
Holzbretter quellen bei der Aufnahme von Wasser und vorhandene Risse in Weichholzbrettern schließen sich. Bakterien können dabei eingeschlossen werden und so eine Reinigung schadlos überstehen. Wenn das Brett trocknet, öffnen sich die Risse, die Bakterien treten aus und gelangen so auf andere Lebensmittel. Deshalb sollten Sie Holzbretter immer vor dem Gebrauch naß machen.

- Reinigen Sie die Schneidbretter händisch mit Spülmittel, Bürste und heißem Wasser – solche aus Plastik eventuell auch noch in einer Spülmaschine. **Verwenden Sie getrennte Schneidbretter** und Utensilien **für rohe Fleischprodukte** und für die übrigen Lebensmittel. Arbeitsflächen sowie Schneidbretter, Messer und anderen Küchengeräte sind nach jedem Kontakt mit rohem Fleisch und Geflügel sofort gründlich mit heißem Wasser und Reinigungsmittel zu waschen.

- Achten Sie immer darauf, im 1. Lebensjahr **zum Kochen babytaugliches (Leitungs)wasser** und **zum Abwaschen Trinkwasser** zu verwenden.

- **Reinigen Sie Ihren Kühlschrank mindestens einmal pro Monat gründlich,** da sich auch dort Keime vermehren können. Sortieren Sie abgelaufene oder verschimmelte Lebensmittel immer sofort aus.

Sollte es trotz aller Hygienemaßnahmen zu Erbrechen oder Durchfall kommen bzw. sollte Ihr Kind unter Verstopfung leiden, suchen Sie bitte Ihre Kinderärztin auf.
Weiter Informationen zu diesen Themen finden Sie im Buch ETS und „Essen und Trinken im Kleinkindalter" (☞ weiterführende Literatur) bzw. auch in entsprechenden Merkblättern (☞ www.hanreich-verlag.at).

Breizubereitung

Im 1. Lebensjahr ist Gebratenes oder Gegrilltes ungeeignet, da es für den Darm Ihres Kindes schwer zu verdauen ist. Abgesehen vom Frischobst-Brei, muss daher Beikost und später die anfängliche Familienkost aus gedünsteten oder gekochten Speisen bestehen.

Bei der Verarbeitung soll darauf geachtet werden, Mineralstoffe und Vitamine in den Speisen möglichst zu erhalten. Beim Kochen in reichlich Wasser werden viele wichtige, wasserlösliche Mineralstoffe und Vitamine ausgelaugt. Daher ist es besser, die Zutaten zugedeckt in wenig Wasser oder im **Dampfgarer** zu dämpfen und den Brei dann mit diesem (Gemüse)sud zuzubereiten (Ausnahmen bilden ☞ Spinat, ☞ Hülsenfrüchte, ☞ nitratreiche Gemüsesorten).
Es gibt auch kombinierte Dampfgarer mit Pürierfunktion, die speziell auf kleine Mengen ausgerichtet sind. Sie sind praktisch, aber nicht unbedingt norwendig.
Eine Hilfestellung für das Dampfgaren bietet unser Buch ☞ *„Dampfgaren – vom Babybrei zur Familienkost"* mit vielen Grundrezepturen.

Für Kochwasser gilt die Faustregel: So viel wie nötig, so wenig wie möglich! Sollten Sie – vor allem, wenn Sie Vollkorngetreideprodukte kochen möchten – noch etwas mehr Wasser für die Breizubereitung brauchen, so geben Sie dieses bitte sparsam zu.

Garzeit einzelner Gemüsesorten

Lebensmittel	Garzeit
Brokkoliröschen	ca. 8 Min.
Erbsen (tiefgekühlt)	ca. 6 Min.
Fenchel in Scheiben	ca. 6 Min.
Karotten in Scheiben	ca. 8 Min.
Karfiol (Blumenkohl)	ca. 10 Min.
Kartoffel in Würfeln	ca. 10 Min.
Kohlrabi in Würfeln	ca. 8 Min.
Kürbis in Würfeln	ca. 6 Min.
Pastinake in Würfeln	ca. 12 Min.
Zucchini in Scheiben	ca. 5 Min.

Benutzen Sie einen Druckkochtopf bzw. einen Kochtopf mit Deckel. Legen Sie das Gemüse nie ins kalte, sondern immer erst in das kochende Wasser, und kochen Sie so weich wie nötig, aber möglichst nicht länger! Beachten Sie auch die **Garzeit** der einzelnen Zutaten (s.o.) und geben Sie diese dementsprechend nacheinander hinein.

Geben Sie Obstsaft und Fettkomponenten (☞ Pflanzenöl, ☞ Butter) am besten erst kurz vor dem Pürieren dazu, damit sie nicht übermäßig erhitzt werden. Pürieren Sie für Babys in den ersten Beikostmonaten die Zutaten mit einem Pürierstab oder mit dem Mixaufsatz einer Küchenmaschine besonders fein – der Brei muss zu Beginn „trinkbar" sein, soll aber nicht in der Flasche angeboten werden.

Mikrowelle: ja oder nein?

Das Thema Mikrowelle sorgt immer wieder für Diskussionen. Einerseits gehen die Zubereitung und auch das Auftauen in der Mikrowelle rasch, sind vitaminschonend und energiesparend. Andererseits bleibt bei manchen eine gewisse Skepsis gegenüber dieser Methode.

Überhitzung der Lebensmittel (am Herd und in der Mikrowelle) kann dazu führen, dass sich das Eiweiß unerwünscht verändert und gesundheitsschädliche Stoffe entstehen. Wenn Sie die Mikrowelle für die Zubereitung der Familienkost einsetzen wollen, so muss Folgendes beachtet werden:

Nachteile der Mikrowelle
Ein weiterer Nachteil der unregelmäßigen Erwärmung ist, dass sich Bakterien dort vermehren können und nicht abgetötet werden, wo das Lebensmittel nicht gut genug erhitzt worden ist. Speisen müssen daher auch zwischendurch umgerührt oder gewendet werden.

Noch etwas ist wichtig zu wissen: **Muttermilch soll nie in der Mikrowelle erwärmt werden!** *Dabei würden die* **wichtigen Immunzellen,** *welche für einen Großteil der Abwehrkraft durch die Muttermilch verantwortlich sind,* **abgetötet** *werden.*

Aufbewahren und Wiedererwärmen

Fertige Brei sollen nach Möglichkeit nicht lange warm gehalten, sondern sofort angeboten werden. Am besten ist, Sie kochen täglich frisch oder Sie verwenden tiefgefrorene, vorportionierte Breie.

Sollten Sie jedoch frisch gekochten Brei, der gut erhitzt war, für den nächsten Tag übrig haben, so lassen Sie ihn rasch im kalten Wasserbad abkühlen und bewahren Sie ihn verschlossen im Kühlschrank auf. Stellen Sie ihn dazu unten an die Rückwand des Kühlschrankes, denn dort ist der kälteste Platz (nicht in die Türe!).

Mit der Ausnahme von Spinat sowie nitratreichen Speisen, die nicht wiedererwärmt werden sollen, und Kartoffelpüree, welches geschmacklich an Qualität einbüßt, lassen sich Breie (z. B. Gemüse-Reis-Fleischbrei) – ähnlich wie geöffnete Gläschenbreie – für **maximal 24 Stunden** aufbewahren. Besser ist es jedoch, sie zwischendurch tiefzufrieren.

Portioniert tieffrieren

Anfangs isst Ihr Kind nur kleine Portionen. Sie können sich das tägliche Zubereiten erleichtern, indem Sie eine größere Menge kochen, abkühlen lassen und portionsweise (vorerst im Eiswürfelbehälter, später in Zipp-Gefrierbeuteln) tieffrieren.
Finden Sie heraus, wie viel Ihr Baby üblicherweise isst, indem Sie seinen Teller vor und nach der Mahlzeit wiegen oder die Menge anhand der gefütterten Löffel abschätzen. Nehmen Sie etwas mehr pro tiefgefrorener Portion, um Verluste auszugleichen.

> *Portionsweises Tieffrieren bietet sich vor allem dann an, wenn Sie Einzelkomponenten, die Sie bei der Frischzubereitung des Mittagsbreies benötigen (z. B. Karotten aus dem Garten, Fleisch), nicht täglich zur Verfügung haben. Gekochtes und püriertes Fleisch (☞ Rezept auf Vorrat Seite 68) lässt sich sehr gut im Eisbeutel bzw. Eiswürfelbehälter portionieren.*

Im Eiswürfelbehälter gefrorenes, püriertes Fleisch soll nach dem Tieffrieren in einen Gefrierbeutel umgefüllt werden, sodass es – ohne Geruch anzunehmen – bis zu ca. einem Monat gelagert werden kann. Füllen Sie die wöchentlich benötigte Menge in jeweils einen Beutel, damit dieser nicht allzu oft geöffnet werden muss.

So können Sie Gemüse bzw. ☞ Kartoffeln täglich frisch zubereiten (z. B. für sich selbst oder das Familienessen) und die entsprechenden Mengen für Ihr Baby mit der vorab gekochten Fleischportion mischen.

Größere Mengen Gemüse-Brei (☞ Seite 67) lassen sich auch in sauberen Plastikbehältern bzw. im Gefrierbeutel 3 bis 6 Monate lang tieffrieren.
Bedenken Sie beim Tieffrieren von stärkehaltigen Breien (z. B. Getreide-Obst-Breien oder Kartoffel-Fleisch-Breien), dass sich nach dem Auftauen Flüssigkeit an der Oberfläche absetzen kann.

Durch Aufwärmen und gutes Umrühren müsste sich wieder eine sämige Konsistenz ergeben, notfalls helfen Sie mit Hafer- oder Reisschleim etwas nach.

> *Die kleinen Gefrierfächer eines Kühlschrankes sind zum Tiefkühlen von Babynahrung nur bedingt geeignet, da die Temperatur darin oft höher als –18 °C ist und durch häufiges Öffnen der Türe schwanken kann, wenn es keine gut schließende Extratüre gibt.*

Auftauen

Tauen Sie gefrorene Breie nur unmittelbar vor dem Füttern auf, am besten im heißen Wasserbad oder mit dem Dampfgarer. Keinesfalls sollen die Breie bei Zimmertemperatur aufgetaut werden. Besser ist es noch, Breie im Kühlschrank aufzutauen.
Beachten Sie dabei jedoch die Auftauzeiten und lassen Sie aufgetaute Breie nicht lange im Kühlschrank stehen.
Da bereits aufgetaute Breie nicht zweimal erwärmt werden sollen, müssen erwärmte Breireste weggeworfen (oder von Erwachsenen gegessen) werden. Beim Wiedererwärmen besteht die Gefahr einer bakteriellen Verunreinigung, die Durchfall zur Folge haben kann. Außerdem ist der Verlust an wichtigen Vitaminen zu hoch.

1 x 1 DES ZUFÜTTERNS

• Beginnen Sie mit dem Beikostfüttern in einem entspannten Moment. Wenn Ihr Kind zu hungrig ist, kann es der neuen Essweise nicht die nötige Ruhe entgegenbringen.
Sie können einerseits den Abstand zur vorherigen Mahlzeit kürzer ansetzen, sodass der Hunger noch nicht so groß ist. Oder stillen Sie bzw. füttern Sie Milchnahrung und bieten Sie im Anschluss, bevor Ihr Kind ganz satt ist, Beikost an.

• Generell kann vor oder nach dem Beikostfüttern gestillt werden. Über einen längeren Zeitraum stillt man auch zuvor, wenn man die Milchbildung anregen möchte, man ergänzt dann mit Beikost. Wenn man die Beikostmahlzeit bei ausreichender Milchmenge ergänzen oder die Milchmahlzeit durch Beikost ersetzen möchte, wird nach der Beikostgabe gestillt.

• Bieten Sie, wenn Sie nicht stillen, etwas zum **Trinken zur Mahlzeit** an. Näheres erfahren Sie im Kapitel Getränke, Seite 86. Bieten Sie die Getränke vom Löffel, aus einem Becher, festen Glas oder einer Trink-Lern-Flasche an. Stillkinder sollten erst gar nicht an die üblichen Teeflaschen gewöhnt werden.

• Verwenden Sie zum Füttern einen **kleinen, flachen Plastiklöffel,** welcher schmal und gut abgerundet ist. Metallene Löffel sind zu hart und oft auch zu heiß, da sie die Wärme gut leiten.

Der **Teller** sollte **bruchfest** sein, also aus Plastik, und vor allem im Zentrum möglichst keine aufgeprägte Farbe aufweisen, die sich bei Gebrauch lösen kann. Am besten ist, Sie statten sich zu Beginn mit mehreren Löffeln und Tellern bzw. Schüsselchen aus.

• **Schützen Sie die Kleidung Ihres Kindes** – anfangs geht vieles daneben.
Mehrere Lätzchen, die die ganze Vorderfront mit den Oberarmen abdecken, bzw. ein Plastikschutz mit Auffangschale sind unumgänglich, wie Sie sicher schnell feststellen werden. Erst wenn Ihr Kind selber löffeln kann, sind Ärmellätzchen empfehlenswert.
Bei manchen Kindern ist es auch sinnvoll, als Mutter eine Schürze zu verwenden. Verzichten Sie auch auf Stofftischdecken zugunsten von abwischbaren Tischplatten, Tischtüchern oder Tischsets.

• **Feuchte Waschlappen** für Gesicht und Babyhände bzw. Küchenpapier sollten Sie immer griffbereit halten.

• Geben Sie Ihrem Kind zum Halten etwas in die Hände, das abwaschbar ist, z. B. einen eigenen Plastiklöffel oder ein Spielzeug. Sonst sind Teller, Glas oder der volle Löffel gefährdet.

• Je aufrechter Ihr Baby sitzen kann, desto leichter fällt ihm das Schlucken. Auf dem Rücken liegend zu essen fällt selbst Erwachsenen schwer.

Achten Sie daher auf einen möglichst körpergerechten und **sicheren Kindersitz.** Er soll genug Standfestigkeit aufweisen, um die Bewegung des Kindes zu kompensieren.

• Wenn sich der Boden unter dem Essplatz schlecht reinigen lässt (z. B. Teppichboden), empfiehlt es sich, für den Essplatz des Babys eine Plastikunterlage für Bürostühle zu organisieren oder den Platz mit einer Wachstischdecke auszulegen.

• Geben Sie Ihrem Baby die Zeit, die es braucht, um die neue Ernährungsform zu lernen. Meist eignet sich die Mittagszeit am besten, um mit der Beikost zu beginnen, weil da die Aufmerksamkeit am höchsten ist. Es ginge jedoch auch abends, wenn dies die Mahlzeit ist, zu der für die ganze Familie gekocht wird und Ihr Baby nicht zu müde für Neues ist.

Wenn Ihr Baby gerade zahnt oder krank ist, sind das ungünstige Bedingungen, um mit der Beikost zu beginnen. Warten Sie dann besser noch zu.

• **Anfangs** geben Sie **nur wenige Löffel feinpürierten Brei.** Später, wenn Ihr Baby älter wird, regt mit der Gabel zerdrückte Nahrung zum Kauen an.

• Sie können dem Geschmack des Babys bei der Beikosteinführung mit süß-

ZUFÜTTERN

ZUFÜTTERN

lichen Speisen (Karotten, Kürbis oder Birne) entgegenkommen, bis es sich an die Beikost gewöhnt hat.

- **Manche Kinder** essen relativ bald die Menge, die in unseren Rezepten angegeben wird. Ältere Kinder brauchen eventuell auch mehr. Andere essen wochen- und monatelang deutlich weniger. Wenn sie gesund und munter sind und noch den Hauptanteil ihres Hungers durch Muttermilch oder Milchnahrung decken, brauchen Sie sich keine Sorgen zu machen. Frieren Sie die Breie in kleineren Portionen ein, z. B. in Form von Eiswürfeln, und verwenden Sie dann die nötige Stückzahl davon.

- **Lehnt Ihr Baby** zu Beginn **die Beikost ab**, kann das darauf hindeuten, dass es noch nicht beikostbereit ist. Aus Erzählungen von Müttern wissen wir auch, dass Kinder, die ein erhöhtes Allergierisiko tragen oder eine Allergie ausbilden, häufig später mit der Beikost beginnen wollen. Es könnte sich dabei um einen Selbstschutzmechanismus handeln.

Andererseits liegt es manchmal nur am unvertrauten Geschmack, wenn Babys den Brei ablehnen. Dann hilft das Mischen des Karottenbreis mit etwas Muttermilch oder Säuglingsmilchnahrung. Stillkinder brauchen auch in der Regel länger, um mit der Beikost vertraut zu werden. Oder Sie können den Brei etwas flüssiger machen.

Bieten Sie ihn jedoch nicht in der Flasche an! Breiflaschen überfüttern das Kind und verhindern, dass es seine Sättigung wahrnimmt. Einen Versuch ist es auch wert, ein anderes Familienmitglied das Baby füttern zu lassen.

- Verwenden Sie immer einen **eigenen Löffel,** wenn Sie den Brei kosten. Das In-den-Mund-Nehmen des Babylöffels oder Schnullers führt zur Übertragung von Kariesbakterien.

- Gewohnheiten werden schon früh geprägt, daher sollten Sie spätestens ab dem 9. Monat Folgendes bedenken: **Kinder brauchen Rituale** – einen klar signalisierten Beginn und ebenso ein dezidiertes Ende, z. B. durch ein „Mahlzeit" und ein „Jetzt sind wir fertig, danke", ein Gebet oder einen anderen speziellen Satz. Und sie brauchen Vorbilder, Beständigkeit (wie z. B. einen fixen Essplatz) und eine entspannte Atmosphä-

> **Flecken entfernen**
> *Gemüsebreiflecken (z. B. von Tomaten) nicht eintrocknen lassen, sondern (wie auch Milchbreiflecken) mit reichlich kaltem Wasser auswaschen.*
> *Karottenflecken vorab mit Essig und alle Breiflecken anschließend mit Gallseife behandeln! Dann wie gewohnt waschen.*
> *Obstbreiflecken unter fließendem, kaltem Wasser (oder mit Mineralwasser) ausspülen. Evtl. mit Zitronensaft oder Essig vorbehandeln, mit Gallseife einreiben und anschließend waschen.*

re ohne Streitgespräche oder Dauerberieselung durch Fernseher oder Radio.

• Ein paar Essregeln sind ebenfalls von Vorteil, z. B. „Gegessen wird bei Tisch", „Die Eltern bieten an, das Kind entscheidet, wie viel es davon essen möchte" (☞ ETS, Kapitel „Von der richtigen Menge").
Regeln, die Sie aufstellen, sollten allerdings möglichst konsequent beibehalten werden und für alle gelten.

Das Ergänzen der Milchmahlzeiten

Das Ergänzen der gewohnten Milchmahlzeiten durch Beikost erfolgt fließend und noch monatelang soll Muttermilch ein wertvoller Bestandteil der Beikostmahlzeiten sein und den Durst löschen.
Dabei werden die Brustmahlzeiten vermutlich kürzer, weil das Kind die dünnflüssigere erste Milch (Vordermilch) bevorzugt bzw. zügiger trinkt.

Beim Ergänzen bzw. Ersetzen der gewohnten Milchmahlzeiten durch Beikost sollten Sie folgende Punkte beachten:

• **Der Austausch der Mahlzeiten erfolgt „fließend".** Ersetzen Sie die Still- oder Flaschenmahlzeiten nicht von heute auf morgen, sonst bekommt Ihr Kind das Gefühl, ihm würde das Gewohnte entzogen. Die Einführung der Beikost könnte dann in einen „Machtkampf" zwischen Mutter und Kind ausarten. Bieten Sie zu Beginn (oder am Ende) der Mahlzeit wenige Löffel Brei an. Anschließend wird noch gestillt bzw. die Flasche gegeben (☞ ETS Kapitel Abstillen). Später kann statt der Milchflasche (oder – wenn man abstillen will – der Brust) zu den Mahlzeiten aus einem Becher oder einer Trink-Lern-Flasche Wasser angeboten werden.

• Es wird **nur etwa eine Beikostmahlzeit pro Monat** eingeführt, damit sich das Kind und die stillende Mutter an die geänderten Bedingungen gewöhnen können. Den Überblick erhalten Sie in Form des Mahlzeitenfahrplans auf Seite 54.

• Ihr Kind lernt ein Lebensmittel nach dem anderen kennen. Nehmen Sie **maximal alle 4 Tage ein neues Lebensmittel** im ☞ Beikostplan dazu. Am einfachsten ist es, jede halbe Woche, z. B. montags und donnerstags, ein neues Lebensmittel dazuzunehmen.

Allergieprävention:
Zur Allergieprävention (☞ ETS) ist zusätzliche Vorsicht geboten! Es ist wichtig, 4 Monate und darüber hinaus voll zu stillen, bis das Baby beikostbereit ist, und ergänzend weiterzustillen. Eine stufenweise Beikosteinführung soll möglichst eingehalten werden (☞ Beikostplan Seite 58).

Mahlzeitenfahrplan für gestillte Kinder*

Nachts	Abends	Nach-mittags	Mittags	Vor-mittags	Morgens	
Muttermilch oder Säuglingsmilchnahrung						1.–6. Monat
						7. Monat
						8. Monat
						9. Monat
						10. Monat
Wasser, ungesüßter Tee	Getreide-Milch-Brei	Obst-Getreide-Brei	Gemüse-Kartoffel-Fleisch-Brei	Frischobst-Brei	Brot	11. Monat
						12. Monat
	Abendessen	Zwischen-mahlzeit	Mittagessen	Zwischen-mahlzeit	Frühstück	

© Verlag I. Hanreich | Esterhazygasse 7, A-1060 Wien | Tel.: (+43 1) 504 28 29-1 | www.hanreich-verlag.at
* Empfehlung der WHO und „wünschenswertes Ziel" der Europ. Ges. der Kinderärzte: 6 Monate Vollstillen.

Geben Sie Gemüseallerlei mit 7 Sorten erst dann, wenn bereits 6 Sorten gut vertragen wurden. Durch die stufenweise Einführung der Beikostlebensmittel können Sie leicht erkennen, wie Ihr Kind auf jedes einzelne neue Nahrungsmittel reagiert.

Sollte Ihr Kind auf ein neues Lebensmittel starke ☞ Blähungen bekommen, können Sie rasch handeln und auf die Zutat verzichten. Verfestigt sich der Stuhl des Kindes allzu sehr, sind ☞ stuhlauflockernde Lebensmittel (z. B. Birnen, Kartoffeln, Kürbis) die nächste Wahl.
Wird der Stuhl sehr flüssig, können Sie in der nächsten Stufe einen stuhlfestigenderen Brei (z. B. mit Bananen oder Reis) anbieten (Durchfall ☞ ETS).

• Haben Sie Mut zur Lücke, wenn eine Zutat einmal nicht erhältlich ist oder ihrem Baby nicht schmeckt. Jeder Beikostaufbau ist individuell verschieden.

Es ist verständlich, dass der Wunsch nach Abwechslung groß ist, diese ist jedoch auch innerhalb eines Stufenplans umsetzbar.
Achten Sie bei der Auswahl auf Saisonalität und Regionalität, wenn also eine Zutat gerade nicht vorhanden ist, können Sie diese entweder auslassen oder tauschen.
Allerdings wurden die Zutaten speziell in dieser Reihenfolge gewählt, um in etwa mit dem Beikostplan des ☞ ETS und mit der *„Gläschen-Übersicht"* (einer Einkaufshilfe für Gläschen nach dem Beikostplan in Deutschland, Österreich und der Schweiz) konform zu gehen. So können Sie auch einfach die passenden Gläschen finden, wenn Sie einmal unterwegs oder auf Reisen sind. Wenn Sie vom Plan abweichen, empfiehlt es sich, Gläschenetiketten genauer zu studieren.

• Vermeiden Sie bestimmte Lebensmittel, die Ihrem Kind noch nicht so zuträglich sind. Einen Überblick dazu finden Sie auf der nächsten Seite. Dazu erfahren Sie auch Näheres im *„ABC der Zutaten"*.

• Unser Mahlzeitenfahrplan zeigt Ihnen ein Beispiel, wie Sie Monat für Monat eine Mahlzeit ergänzen können. Nach und nach wird die Menge an Beikost bzw. Familienkost mehr und kann eine Flaschen- oder Brustmahlzeit ergänzen oder ersetzen.

Stillen Sie weiterhin zwischen und zu den Beikostmahlzeiten nach Bedarf. Gegen Ende des 1. Lebensjahres sollen Sie Ihrem Baby innerhalb von einem ganzen Tag (also von 24 Stunden) noch immer mindestens 2 bis 3 Mahlzeiten mit Muttermilch bzw. Säuglingsmilchnahrung anbieten.

Vermeiden Sie folgende Lebensmittel im 1. Lebensjahr

Lebensmittel	Begründung
Alkohol	ist Gift für die Leber und das Gehirn Ihres Kindes.
Blattsalat	enthält meist viel Nitrat und Rückstände von Schadstoffen.
Bohnen (Hülsenfrüchte), Tofu	führen eventuell zu Blähungen.
Honig	entspricht Zucker, birgt unerhitzt die Gefahr einer tödlichen Vergiftung für Babys (Botulinussporen).
Kaltgepresste Öle	enthalten Rückstände, die für Babys zu belastend sind.
Käse (auch Topfen / Quark)	ist zu eiweißreich für die Niere.
Limonade (z. B. Cola)	enthält zu viel Zucker und Farbstoffe, Cola enthält zudem Koffein.
Nüsse	können Verschluckungsgefahr verursachen, sind oft mit Schimmelpilzgiften belastet.
Pilze	sind schadstoffbelastet und schwer verdaulich.
Rohe tierische Lebensmittel (Rohmilch, halbrohes Fleisch, rohe Eierspeisen, Sushi)	können Salmonellen bzw. Listerien enthalten und Lebensmittelvergiftungen auslösen.
Salz	belastet die Niere des Babys, ist nur in geringen Mengen unbedenklich.
Scharfe Gewürze (z. B. Pfeffer, Chili)	werden von den meisten Babys schlecht vertragen. (wunder Po ...)
Schokolade, Eis, und Süßigkeiten	enthalten zu viel Zucker.
Süßstoffe	belasten den Organismus des Babys.
Wurst (z. B. Streichwurst, Salami)	enthält zu viel Fett und Salz.

DER BEIKOSTPLAN

Hinweise und Abkürzungen zu den Beikostplänen

Um die schrittweise Einführung der Lebensmittel verständlicher zu gestalten, haben wir als Beispiel einen Beikostplan für gestillte Kinder ab dem 7. Monat erstellt.
Im Buch ETS sind ein Plan bei frühen (ab 5. bis 7. Monat) Beikostreifezeichen und ein vegetarischer Plan enthalten. Sollte Ihr Kind vor dem 7. Monat ☞ beikostreif sein, können Sie auch langsamer vorgehen.

Bitte halten Sie sich vor Augen, dass diese Beikostpläne **variable Vorgabe bzw. Richtlinien** sind.
Ihr Kind hat natürlich eigene Vorlieben, sodass sein persönlicher Stufenplan möglicherweise schon nach kurzer Zeit von diesem Beispiel abweichen wird, wenn Sie Breie selber kochen.

Außerdem können saisonale Schwankungen eine Änderung des Beikostfahrplanes bewirken, denn nicht immer hat man das jeweilige Obst oder Gemüse frisch oder tiefgekühlt zur Verfügung.

Hier die Übersicht über die Spalten der Tabelle:
B: In dieser Spalte werden die einzelnen Beikostmonate angeführt. Sie sind hilfreich, wenn Sie zeitlich von unserem Beikostbeginn Anfang 7. Beikostmonat abweichen wollen.

LM bzw. Tag: Wir empfehlen, in diesem Lebensmonat bzw. an diesem Tag das neue Lebensmittel einzuführen.

Notizen: Notieren Sie sich das jeweilige Beginndatum und eventuelle Reaktionen Ihres Kindes unter der Rubrik Notizen. Oder Sie können die Rubrik „Notizen" auch dazu nutzen, Ihre persönlich ausgetauschten oder ausgewählten Zutaten zu notieren.

Zutat: Diese Zutat wird in den Speiseplan neu dazugenommen. Zwischen den einzelnen neu hinzukommenden Zutaten sollen bei allen, auch bei allergiegefährdeten Kindern 4 Tage vergehen. Dadurch wird klar, worauf ein Kind eventuell reagiert. Geschmackliche Vielfalt ist trotzdem möglich.
Daher ergibt sich ca. jeden 5. Tag eine neue Zutat. Wenn eine neue Zutat dazukommt, soll dieses Lebensmittel in je 3 Mahlzeiten (z. B. an 3 aufeinanderfolgenden Tagen) enthalten sein.
Alles, was oberhalb angeführt ist und bereits kennengelernt wurde, darf (gleichzeitig) im Speiseplan vorkommen. Mit **(ZU)** sind kleine Breizugaben gekennzeichnet, mit **GB** Getreidebreie.

Mahlzeiten: Hier geben wir mahlzeitenbezogen an, welche Standardrezepte für frühe Beikost oder welche Babymenüs ab dem 10. Monat dem stufenweisen Beikostplan entsprechen.
Sie können daraus einfach und rasch die Speisen für Ihr Baby auswählen.

BEIKOSTPLAN

BEISPIEL MIT REZEPTEN: Gestillt (ab 7. Monat) – Teil 1 von 3

B	LM	Tag	Notiz	Zutat	Frühstück	Zwischenmahlz
1. Beikostmonat	7.	1.		Karotte	Muttermilch bzw. Säuglingsmilch	Muttermilch b Säuglingsmilc
		5.		Raps-/Maiskeim-/Sonnenblumenöl (ZU)		
		9.		Kartoffel		
		13.		Rind- oder Kalbfleisch		
		17.		Apfel(saft) (ZU)		
		21.		Hafer (ZU)		
		25.		Reis		
		29.		Kürbis		
2. Beikostmonat	8.	33.		Birne		
		37.		Mais		
		41.		Zucchini (Zucchetti)		
		45.		Pfirsich		
		49.		Huhn		
		53.		Dinkel (ZU)		
		57.		Karfiol (Blumenkohl)		
		61.		Marille (Aprikose)		
3. Beikostmonat	9.	65.		Banane		Frischobstbre **Banane**
		69.		Erbse		Frischobstbre
		73.		Pastinake		
		77.		Pute oder Truthahn		
		81.		Weizen		

BEIKOSTPLAN

Mittagessen	Zwischenmahlzeit	Abendessen
Babykarotten-Brei	Muttermilch bzw. Säuglingsmilch	Muttermilch bzw. Säuglingsmilch
Karottenpüree mit **Öl**		
Karotten-**Kartoffel**-Brei mit Öl Rezept auf Vorrat: Gemüsebrei		
Karotten-Kart.-**Rindfleisch**-Brei zept auf Vorrat: Fleischzubereitung (Vegetar. Karotten-Hirse-Brei)		
rotten-Kart.-Fleisch-Brei **(+Apfels.)**		
	Apfelbrei mit **Hafer**	
	Apfelbrei mit **Reis** und Hafer	
Kürbis-Kart.-Rindfleisch-Brei		
	Apfel-**Birne**-Haferbrei	
rotten-**Mais**(grieß)-Rindfleisch-Brei		Reisbrei (mit Birnenpüree)
Zucchini-Kart.-Rindfleisch-Brei		
	Pfirsichbrei mit Hafer	
Kürbis-Kartoffel-**Huhn**-Brei		Haferbrei (mit Obst)
	Obstbrei mit **Dinkel**	
Karfiol-Kartoffel-Huhn-Brei		Dinkelbrei (mit Obst)
	Marillen-Obstbrei	
Vegetar. Gemüse-Hafer-Brei		
Erbsen-Kartoffel-Rindfl.-Brei		
Pastinake-Kart.-Rindfl.-Brei		
Gemüse-Kartoffel-**Puten**-Brei		
		Weizengrießbrei (mit Obst)

Die WHO empfiehlt, ca. 6 Monate voll zu stillen und ab dem 7. Monat beikostergänzt zu stillen. Spätestens im 7. Monat sollen kleine Mengen Gluten (Hafer) gegeben werden (Näheres ☞ ETS). Stillen Sie spätabends und morgens weiter.

BEIKOSTPLAN

BEISPIEL MIT REZEPTEN: Gestillt (ab 7. Monat) – Teil 2 von 3

B	LM	Tag	Notiz	Zutat	Frühstück	Zwischenmah...
3. BM	9.	85.		Heidel-/Blaubeere		
		89.		Fenchel		
4. Beikostmonat	10.	93.		Brokkoli/Butter	Getreidebrei	
		97.		Roggen	**Roggen**mischbrot und Muttermilch bzw. Säuglingsmilch	
		101.		Kräuter		
		105.		Tomate		
		109.		Weintraube		
		113.		Schinken		
		117.		Lamm		
		121.		Spinat		

Umstieg auf Familienkost

5. Beikostmonat	11.	125.		Hirse		
		129.		Lauch (Porree)/Zwiebel		
		133.		Kohlrabi		
		137.		Kirsche		
		141.		Gerste		
		149.		Zwetschke (Pflaume)		

© Verlag I. Hanreich | Esterhazygasse 7, A-1060 Wien | Tel.: (+43 1) 504 28 29-1 | www.hanreich-verlag.at
Zusammenstellung urheberrechtlich geschützt – Vervielfältigung ohne schriftliche Genehmigung des Verlages wird geahndet!

BEIKOSTPLAN

Mittagessen	Zwischenmahlzeit	Abendessen
	Heidelbeeren-Obstbrei	
Mittagsbrei mit **Fenchel**		
Brokkoli mit Bröseln	Reismilch-Reis mit Apfel	Weizenbrot mit **Butter**
Kürbisrisotto Karfiol mit Bröseln	Schichtzwieback mit Birnen	
Polpetti mit Püree und Karotten (**Kräuter**)	Grießpudding mit Heidelbeeren	
Spaghetti mit **Tomaten**sauce	Couscous mit Birnen	
Couscous mit Karotten und Putenschinken	**Trauben**kompott	
Schinkenfleckerln mit Erbsen, Kart. mit Karfiol-**Schinken**sauce		
ammragout mit Fenchelgemüse	Apfelstrudel	
Falscher Tafelspitz (**Spinat**)		
Hirsetopf mit Fenchel	Hirsepudding mit Himbeeren	**Hirse**brei (mit Obst)
Lauchstrudel-Päckchen		
Rindsragout mit Brokkoli- und **Kohlrabi**gemüse	Vollkornweckerl mit Apfelspalten	
Kartoffeltopf mit Kalbfleisch und Zucchini	**Kirschen**kompott	
Roll**gersten**topf mit Rindfeisch und Lauch Ritschertvariante		**Gersten**flockenbrei (mit Obst)
Nudeleintopf mit Pute und Erbsen	**Zwetschken**kompott	

Die WHO empfiehlt, ca. 6 Monate voll zu stillen und ab dem 7. Monat beikostergänzt zu stillen. Spätestens im 7. Monat sollen kleine Mengen Gluten (Hafer) gegeben werden (Näheres ☞ ETS). Stillen Sie spätabends und morgens weiter.

BEIKOSTPLAN

BEISPIEL MIT REZEPTEN: Gestillt (ab 7. Monat) – Teil 3 von 3

B	LM	Tag	Notiz	Zutat	Frühstück	Zwischenmah...
6. Beikostmonat	12.	153.		hartes Ei		
		157.		Gurke		**Gurke** Fingerf...
		161.		Mandarine		**Mandarine**
		165.		Maroni (Esskastanie)		
		169.		Fisch		
		173.		Schwarzwurzel		
		177.		Paprika		

BEIKOSTPLAN

Mittagessen	Zwischenmahlzeit	Abendessen
Kartoffel mit Zucchini-**Eier**sauce		
Kürbisgemüse aus dem Wok	Marillenaugen	
Rosmarinhuhn mit Reis und Brokkoli		
Gefüllte Zucchini mit Püree	**Maroni**reis	
Lachs mit Kartoffeln und Fenchel	Kuchen mit Äpfeln	
Puten-Ragout mit **Schwarzwurzel**gemüse		
Kartoffel mit **Paprika**-Schinkensauce	Geburtstagskuchen mit Beerencreme	

Die WHO empfiehlt, ca. 6 Monate voll zu stillen und ab dem 7. Monat beikostergänzt zu stillen. Spätestens im 7. Monat sollen kleine Mengen Gluten (Hafer) gegeben werden (Näheres ☞ ETS). Stillen Sie spätabends und morgens weiter.

DIE ERSTEN BEIKOSTMONATE

1. Brei – mittags

Mit der Beikost soll etwa Anfang des 7. Lebensmonats begonnen werden. Das Kind signalisiert manchmal etwas früher seine Beikostbereitschaft durch die Beikostreifezeichen (☞ Seite 13).
Dann kann auch schon im 6. Monat Beikost gegeben werden. Keinesfalls darf vor dem 5. Monat mit Beikost begonnen werden. Mit dem 7. Monat soll Beikost jedoch auf jeden Fall zum ersten Mal angeboten werden.

Vereinzelt brauchen Kinder etwas länger und wollen erst später Beikost akzeptieren. Der Beikostbeginn ist individuell verschieden, deshalb sind die **Rezepte nicht nach Lebensmonaten, sondern nach den Beikostmonaten eingeteilt.**

Die Mittagsmahlzeit wird langsam ergänzt

Das Ergänzen der einzelnen Still- oder Milchmahlzeiten erfolgt schrittweise, sodass pro Monat nur etwa 1 bis 2 Mahlzeiten langsam eingeführt werden (☞ ETS). Anfangs isst Ihr Kind noch keine ganze Portion. Es lernt erst langsam die Kunst, vom Löffel zu essen.

Auswahl der ersten Zutat

Mit dem Beginn der Beikost festigt sich der Stuhl, bei einigen Kindern haben Karotten jedoch verstopfende Wirkung. Der Stuhl wird lockerer, wenn als 2. Lebensmittel Kartoffeln in den Brei dazukommen.
Wenn saisonal erhältlich, können Sie an Stelle der Karotte auch geschälten ☞ Kürbis (Hokkaido- oder Butternusskürbis) verwenden.
Dieser enthält ebenfalls etwas Carotin und ist weniger stopfend. Gleichfalls möglich, aber carotinärmer, ist ☞ Pastinake als erstes Lebensmittel.
Wählen Sie eine dieser Möglichkeiten aus und verwenden Sie dann in nachfolgenden Karottenbreien jeweils diese Zutat statt der Karotten.

Gebrauchsanweisung: Rezepte

Unter den Rezepttiteln stehen die Beginnzeiten. Sie entsprechen dem Beikostplan für gestillte Kinder ab dem 7. Lebensmonat. Weitere Pläne ☞ ETS. Bei den Familienrezepten ist viel Platz für Notizen gelassen, z. B. für die Zeitpunkte der Verabreichung bei Allergie oder für eigene Abwandlungen.

> *Prinzipiell lässt sich die Abfolge der Mahlzeiten vertauschen. Sie können auch abends beginnen.*

Babykarotten-Brei

*ab Beikostbereitschaft
(7. Monat, 1. Tag)
mittags täglich*

- **100 g** BIO-Karotten
  (1 mittelgroße Karotte)
- **3 EL** Wasser (babytauglich)
  oder Karottensud

Karotte kurz waschen, schälen, grob zerkleinern und mit wenig Wasser (ca. 5 EL) in einem geschlossenen Topf dünsten. Pürieren Sie die ☞ Karotte mit den 3 EL Wasser oder Gemüsesud (vom Dämpfen der Karotten) mittels Stabmixer oder Mixaufsatz sehr fein. Fügen Sie eventuell noch Wasser oder Gemüsesud hinzu, bis der Brei die richtige Konsistenz für Ihr Baby hat.
Lassen Sie den Brei auf Esstemperatur abkühlen.

Wenn vor dem 7. Lebensmonat Beikost angeboten wird, sollten Sie vorsichtshalber Gläschenkarotten (Menge nach Bedarf) verwenden, weil diese einen kontrolliert und somit garantiert niedrigen Nitratgehalt haben.

Anschriften von Lieferanten von BIO-Lebensmitteln finden Sie im ☞ Adressverzeichnis.

Karottenpüree

*ab 7. Monat, 5. Tag
mittags täglich*

- **150 g** BIO-Karotten
  (1 große Karotte)
- **3 EL** Wasser (babytauglich)
  oder Gemüsesud
- **2 TL** Pflanzenöl

Karotte kurz waschen und schälen, grob zerkleinern und mit wenig Wasser (ca. 5 EL) weich dünsten.
Pürieren Sie die Karotte mit den 3 EL Wasser bzw. Gemüsesud (vom Dämpfen der Karotten) mittels Stabmixer oder Mixaufsatz sehr fein. Rühren Sie dann das ☞ Öl ein, und lassen Sie den Brei auf Esstemperatur abkühlen.
Fügen Sie eventuell noch Wasser oder Gemüsesud hinzu, bis der Brei die richtige Konsistenz für Ihr Baby hat.

Nach der 1. Beikostwoche können Sie den Baby-Karottenbrei durch die Zugabe von ☞ Öl gehaltvoller und sättigender machen. Dies ist vor allem bei älteren Kindern notwendig.

Wasser für die Zubereitung von Säuglingsbreien soll immer die richtige Qualität (☞ ETS) aufweisen. Stand es länger als vier Stunden in der Leitung, lassen Sie es bitte vorher rinnen.

Karotten-Kartoffel-Brei

*ab 7. Monat, 9. Tag
mittags täglich*

100 g	**BIO-Karotten** (1 mittelgroße Karotte)
50 g	**BIO-Kartoffeln** (1 kleine Kartoffel)
3 EL	**Wasser** (babytauglich) oder Gemüsesud
2 TL	**Pflanzenöl**

Waschen, schälen und zerkleinern Sie die Kartoffel und die Karotte grob. Die Karottenstücke mit wenig Wasser in einem geschlossenen Topf vorgaren, dann die ☞ Kartoffel dazugeben und gemeinsam gar kochen.
Pürieren Sie das gekochte Gemüse unter Zugabe von 3 EL Wasser oder Gemüsesud mittels Stabmixer oder Mixaufsatz fein und rühren Sie das Öl ein. Kühlen Sie den Brei danach auf Esstemperatur ab.
Fügen Sie eventuell noch Wasser hinzu, bis der Brei die richtige Konsistenz für Ihr Baby hat.

> **Maßeinheiten:**
> 1 TL entspricht ca. 4 g bzw. 4 ml,
> 1 flacher EL ca. 10 g oder 10 ml.

Rezept auf Vorrat: Gemüsebrei

500 g	**BIO-Gemüse** (☞ Karotten oder ☞ Kürbis oder Zucchini Pastinake oder Brokkoli ...)
150 ml	**Wasser** (babytauglich, 10 EL) oder Gemüsesud
2 EL	**Pflanzenöl**

Waschen und schälen Sie das Gemüse und schneiden Sie es klein. Dünsten Sie es zugedeckt je nach Gemüsesorte (☞ Seite 47) 5 bis 10 Minuten weich.

Pürieren Sie das Gemüse mit dem Wasser bzw. Gemüsesud sehr fein und rühren Sie jetzt das Öl ein (oder geben Sie erst nach dem Auftauen 1 TL Öl pro 150 g Gemüsebrei dazu). Fügen Sie eventuell noch Wasser oder Gemüsesud hinzu, bis der Brei die richtige Konsistenz für Ihr Baby hat.
Frieren Sie den Brei portionsweise als Gemüsebrei je nach Bedarf Ihres Kindes ein (☞ Seite 48 und ☞ Seite 50).

> *Sie können die Gemüsesorten auch extra zubereiten, im Eiswürfelbehälter portioniert tiefrieren und beliebig mischen. Kartoffeln können zwar auch tiefgefroren werden, verlieren aber an Qualität. Sie sollten diese frisch kochen und durch eine Kartoffelpresse pressen. Wenn Sie Kartoffeln als Einzelzutat mit dem Pürierstab verarbeiten, werden sie zäh und kleistrig.*

1. BREI – MITTAGS

Karotten-Kartoffel-Fleisch-Brei I

ab 7. Monat, 13. Tag
mittags (beinahe) täglich

100 g	**BIO-Karotten** (1 mittelgroße Karotte)
50 g	**BIO-Kartoffeln** (1 kleine Kartoffel)
30 g	**BIO-Rindfleisch, mager**
3 EL	**Wasser** (babytauglich) oder Gemüsesud
2 TL	**Pflanzenöl**

Karotte und Kartoffel kurz waschen, schälen und grob zerkleinern. Rindfleisch in etwa 2 cm große Würfel schneiden (oder besser doppeltfaschiertes / gehacktes Rindfleisch verwenden). Garen Sie Gemüse und das ☞ Fleisch mit wenig Wasser in einem geschlossenen Topf. Pürieren Sie mittels Stabmixer oder Mixaufsatz danach die gekochten Zutaten unter Zugabe von 3 EL Wasser oder Gemüsesud.
Rühren Sie das Öl ein, bevor Sie alles auf Esstemperatur abkühlen lassen. Fügen Sie eventuell noch Wasser hinzu, bis der Brei die richtige Konsistenz für Ihr Baby hat.

Fleisch versorgt das Kind mit dem notwendigen Eiweiß und Eisen (☞ ETS). Kleine Mengen Fleisch erhöhen die Eisenverfügbarkeit. Fast täglich wird daher eine kleine Menge Fleisch im Babybrei empfohlen.

Rezept auf Vorrat: Fleischzubereitung

1 kg	**BIO-Rindfleisch** (Tafelspitz, mageres Meisel, Schnitzelfleisch, Blume) oder 1 kg Putenbrust
500 ml	**Wasser** (babytauglich)

Spülen Sie das in 4 Teile geschnittene Fleisch kalt ab und kochen Sie es in einem großen Topf kurz auf, bis es aufschäumt.
Gießen Sie die Kochbrühe weg und köcheln Sie das Rindfleisch mit frischem, babytauglichem Wasser für 2 Stunden bzw. das Putenfleisch für eineinhalb Stunden bei schwacher Hitze. Nehmen Sie das Fleisch aus der Brühe und zerteilen Sie es in 2 cm große Würfel. Pürieren Sie diese unter Zugabe von etwas Brühe (200 bis 300 ml) mittels Mixaufsatz sehr fein. (Es geht auch mit einem Pürierstab, wenn Sie dop-

Wenn Sie Beikost noch vor dem 7. Lebensmonat füttern, sollte das Karottenpüree aus dem Gläschen stammen.
Die Mengen sind dann etwas geringer: Verwenden Sie 90 g Karotten, 40 g Kartoffeln, 2 EL Wasser (oder später Saft), 20 g Fleisch und rühren Sie 2 TL Öl ein. Ergänzen Sie mit babytauglichem Wasser nach Bedarf.
Rindfleisch ist etwas eisenreicher als Putenfleisch.

pelt Faschiertes (Gehacktes) als Zutat wählen.) Im Eiswürfelbehälter portioniert tiefffrieren und dann in einen Zipp-Gefrierbeutel umfüllen.
Im 2. Lebenshalbjahr reichen 2 Würfel pro Mittagsbrei. Bei Bedarf die Fleischbreiwürfel 5 Minuten vor dem Garende zum Gemüsebrei geben.
Wählbar ist auch die Kombination von Gemüsebrei mit feinpürierter Fleischzubereitung aus dem Gläschen.

Vegetarische Kost
Immer wieder fragen vegetarisch lebende Mütter nach einer Alternative zu fleischhaltigen Breien.
Wenn das Kind noch gestillt wird und daher leicht verfügbares Eisen aus der Muttermilch erhält, kann rechts angegebener Brei als Alternative zum Gemüse-Kartoffel-Fleisch-Brei angeboten werden. Vegetarische Breie enthalten 2-fach Saft.
Für vegetarisch ernährte Babys führen Sie Hirse statt Fleisch im Beikostplan ein und tauschen Sie im Beikostplan Fenchel oder Brokkoli gegen Kürbis aus.
Als Gemüsesorte (☞ eisenreiche pflanzliche Zutaten) eignet sich ab dem 2. Beikostmonat gut Fenchel-Karotten oder ebenso 2/3 Fenchel, 1/3 Apfel, weil diese Mischungen eisenreicher sind. Auch Brokkoli ist ein eisenreiches Gemüse.

Vegetarischer Karotten-Hirse-Brei

ab 7. Monat, 13. Tag
(alternativ) mittags täglich

100 g	BIO-Karotten (1 mittelgroße Karotte)
50 g	BIO-Kartoffeln (1 kleine Kartoffel)
2 EL	Wasser (babytauglich, für die Getreideflocken) oder Gemüsesud
1 EL	Baby-Hirseflocken
3 EL	Wasser (babytauglich) oder Vitamin-C-haltiger Obstsaft
2 TL	Pflanzenöl

Karotte und Kartoffel kurz waschen, schälen und grob zerkleinern. Garen Sie beides mit wenig Wasser in einem geschlossenen Topf, fügen Sie zum Gemüse die 2 EL Wasser (für die Getreideflocken) zu, und lassen Sie alles nochmals aufkochen.
Geben Sie nun die Baby-Hirseflocken (☞ Hirse) dazu. Instantflocken brauchen nur eingerührt zu werden, manche Produkte müssen laut Anweisung auf der Packung noch einmal aufgekocht werden.

Pürieren Sie die Gemüse-Flocken-Mischung gemeinsam mit den 3 EL Wasser (ab dem 2. Beikostmonat immer mit Obstsaft). Rühren Sie dann das Öl ein und lassen Sie den Brei auf Esstemperatur abkühlen. Fügen Sie eventuell noch Wasser hinzu, bis der Brei die richtige Konsistenz für Ihr Baby hat.

2. Brei – nachmittags

Vorerst Obstsaft, dann -püree

Zuerst wird Apfelsaft als Bestandteil des Karottenbreies oder als Teil eines Getränks dazugenommen, später wird der Obstbrei eingeführt.

Karotten-Kartoffel-Fleisch-Brei II

ab 7. Monat, 13. Tag
mittags täglich

- 100 g BIO-Karotten
  (1 mittelgroße Karotte)
- 50 g BIO-Kartoffeln
  (1 kleine Kartoffel)
- 30 g BIO-Rindfleisch, mager
- 3 TL Obstsaft oder Obstmus
  (Vitamin-C-haltig)
- 2 TL Pflanzenöl

Karotte und Kartoffel kurz waschen, schälen und grob zerkleinern. Rindfleisch in etwa 2 cm große Würfel schneiden (oder faschiertes / gehacktes Rindfleisch verwenden). Garen Sie Gemüse und ☞ Fleisch mit wenig Wasser in einem geschlossenen Topf. Pürieren Sie mittels Stabmixer oder Mixaufsatz danach die gekochten Zutaten unter Zugabe von 3 TL Obstsaft, z. B. ☞ Apfelsaft.
Rühren Sie das Öl ein, bevor Sie alles auf Esstemperatur abkühlen lassen. Fügen Sie eventuell noch Wasser hinzu, bis der Brei die richtige Konsistenz für Ihr Baby hat.

Die Nachmittagsmahlzeit wird langsam ergänzt

Nun kann als „Neueinführung" nachmittags gekochter Obstbrei dazukommen, der nach etwa einer Woche durch Getreide zum Getreide-Obst-Brei ergänzt wird. Sie können entweder am 17. Tag mit dem Obstbrei beginnen oder erst am 21. Tag einen Apfelbrei mit Hafer probieren.

Obstbrei

ab 7. Monat, 17. Tag
nachmittags 4- bis 7-mal pro Woche

- 100 g BIO-Äpfel (1 kleiner Apfel)
- 3 EL Wasser (babytauglich)

Den frischen, gewaschenen, geschälten und nach dem Entfernen des Kerngehäuses zerkleinerten ☞ Apfel in wenig Wasser weich dünsten. Mittels Pürierstab oder Mixaufsatz mit ca. 3 EL Kochwasser zu Apfelmus pürieren.

> *Kleine Mengen Obstsaft erhöhen die Eisenverfügbarkeit im Gemüse-Kartoffel-Fleischbrei. (☞ ETS). Sie können stattdessen dieselbe Menge als Zusatz zu Wasser als Getränk anbieten. Seit Kurzem empfiehlt das fke im Fleischbrei halb so viel Saft..*

> **Getränke zur Beikost**
> Trinkt Ihr Kind nur Wasser oder Muttermilch, so sollten Sie für den Gemüsebrei Obstsaft verwenden. Trinkt es jedoch stark verdünnten Obstsaft (3 bis 4 TL Saft und beliebig viel Wasser pro Mittagsmahlzeit) dazu, können Sie bei der Fleischbreizubereitung Wasser nehmen.

Getreide-Obst-Brei

ab 7. Monat, 21. Tag
nachmittags täglich

100 g	**BIO-Äpfel**	(1 kleiner Apfel)
125 ml	**Wasser**	(babytauglich)
1–2 TL	**Baby-Getreide(vollkorn)flocken**	(z. B. Haferschleim)
1 TL	**Pflanzenöl**	

Den frischen, gewaschenen, geschälten und zerkleinerten Apfel wie im vorherigen Brei in wenig Wasser weich dünsten und pürieren.
Die Flocken dazugeben und eventuell nochmals aufkochen. Bei Instantflocken genügt es, diese ohne Aufkochen einzurühren! Geben Sie danach das ☞ Pflanzenöl dazu und lassen Sie den Brei auf Esstemperatur abkühlen.
Fügen Sie eventuell noch Wasser hinzu, bis der Brei die richtige Konsistenz für Ihr Baby hat.

Wenn Sie Apfelmus aus dem Gläschen verwenden, muss die Wassermenge für den Brei auf 90 ml reduziert werden und das Apfelmus soll erst gemeinsam mit dem Öl zugegeben werden. Dies kühlt den Brei ungefähr auf Esstemperatur ab.
Die Flocken können später durch einen halben Zwieback oder durch 4 Stück milchfreie Vollkornkekse, wie z. B. „Marillenaugen" (Aprikosenaugen) siehe Seite 146, ersetzt werden.

> *Als Obstsorte kann eventuell bei Neigung zu Verstopfung auch Birne verwendet werden – diese wirkt verdauungsfördernd.*
> *Bei Verstopfung kommen auch Pfirsiche oder Marillen (Aprikosen) in Frage.*

> **Gluten in der Beikost**
> *Verwenden Sie glutenhaltige Breie, denn mit kleinen Mengen Gluten zu beginnen verringert das Risiko für Zöliakie (nach 2 Wochen Menge verdoppeln! ☞ ETS). Wählen Sie z. B. Haferschleim oder Dinkelbrei.*
> *Wird noch gestillt, während der erste glutenhaltige Getreidebrei angeboten wird, so verringert sich das Risiko, Zöliakie zu entwickeln ebenfalls. Dies spricht für eine längere Stillzeit, da glutenhaltige Breie auch erst im 7. Monat angeboten werden können.*

Neue Zutaten erweitern den Speiseplan

Ende 7., Anfang 8. Lebensmonat können Sie nun weiter neue Komponenten ausprobieren.
Statt der Karotten können Sie ☞ Kürbis, später ☞ Zucchini (Zucchetti), ☞ Pastinake oder ☞ Karfiol (Blumenkohl) verwenden, am besten aus biologischer Landwirtschaft bzw. im Winter BIO-Tiefkühlgemüse.

Neben Muttermilch und Säuglingsmilchnahrung können Sie als Getränk nun auch babytaugliches Wasser oder stark verdünnten Obstsaft anbieten. Nähere Informationen finden Sie im Kapitel „Getränke", Seite 86.

Vielfalt stufenweise!
Bedenken Sie bitte, dass Ihr Kind nicht sofort ein „Gemüseallerlei" braucht. Es reichen ein oder zwei der Ihnen möglichen Varianten. Ändern Sie also nicht alles auf einmal, sondern gehen Sie stufenweise vor!

Zwischen jeder neu eingeführten Zutat sollten mindestens 4 Tage vergehen. Dadurch können Sie die Verträglichkeit der einzelnen Lebensmittelkomponenten beobachten.
Sie können nach dem im Buch enthaltenen beispielhaften Beikostplan vorgehen.

Als BIO-Fleisch gut geeignet ist mageres Rind- oder Kalbfleisch (Auswahl ☞ Seite 68) – etwa ab dem 8. Monat im Wechsel mit einer Geflügelsorte (Putenbrust oder Hühnerfilet). Als Beilage können ca. 2 EL Reisschleim oder (aufgekochtes) Maismehl oder -grieß (Polenta) ergänzend dazukommen.

Gemüse-Kartoffel-Fleisch-Brei I

ab 7. Monat, 29. Tag
mittags täglich

- 100 g BIO-Gemüse
- 50 g   BIO-Kartoffeln (1 kleine Kartoffel)
- 30 g   BIO-Fleisch, mager
- 3 TL   Obstsaft (Vitamin-C-haltig), Wasser (babytauglich) oder Gemüsesud
- 2 TL   Pflanzenöl

Das Gemüse (anfangs noch das Gemüse, mit dem Sie begonnen haben) und die Kartoffel waschen, schälen und grob zerkleinern.
Das ☞ Fleisch in ca. 2 cm große Würfel schneiden (oder faschiertes / gehacktes Fleisch verwenden), alles gemeinsam mit wenig Wasser in einem geschlossenen Topf garen.
Den gedämpften Zutaten ☞ Obstsaft (z. B. ☞ Apfelsaft), Wasser oder Gemüsesud zufügen, alles mit dem Stabmixer oder Mixaufsatz fein pürieren.
Das Öl einrühren und den Brei auf Esstemperatur abkühlen lassen. Fügen Sie eventuell Wasser hinzu.

3. Brei – abends

Die Abendmahlzeit wird langsam ergänzt

Nun wird als 3. Mahlzeit die Milchmahlzeit abends ergänzt. Viele Eltern erhoffen sich davon, ihre verlorene Nachtruhe wiederzufinden. Doch jedes Kind hat „seinen eigenen Stoffwechsel". Einige schlafen nach dem kalorienreicheren Abendessen besser, bei anderen Kindern hat der Abendbrei keinerlei Wirkung auf das nächtliche Schlafverhalten.
Wird im Haushalt nur abends frisch gekocht, kann der Gemüse-Fleisch-Brei auch abends und der Getreide-„Milch"-Brei mittags angeboten werden.

Die Wahl der Milch für die Zubereitung dieses Breies hängt von der speziellen Situation Ihres Kindes bzw. von der bisher gefütterten Milchnahrung ab. Hat Ihr Kind bislang ausschließlich Muttermilch erhalten, kann ein Getreide-Wasser-Brei durch wenige Löffel Gemüse- oder Obstmus, z. B. Apfel oder Birne, geschmacklich verbessert werden. Er wird dann gemeinsam mit Muttermilch angeboten.

Wichtig ist dabei, dass innerhalb ca. einer halben Stunde zu dieser Mahlzeit gestillt wird. So werden Getreide und Muttermilch zusammen verdaut und die Nährstoffe können einander ergänzen. Getreidebrei und dazu Muttermilch ist die beste Variante des Getreide-„Milch"-Breis.

Die zweitbeste Zubereitungsvariante besteht in der Verwendung der jeweiligen Säuglingsmilchnahrung (PRE, 1er). Ein großer Vorteil besteht darin, dass auch Spezialnahrungen (AR, HA) gegeben werden können. Man kann so den Zucker vermeiden, der in Milchfertigbreien und in manchen 2er-Nahrungen zugesetzt ist.
2er-Nahrung wird vom Forschungsinstitut für Kinderernährung Dortmund und von der Österreichischen Gesellschaft für Kinderheilkunde im 1. Lebensjahr nicht empfohlen. Sie ist der Muttermilch nur teilweise angeglichen (siehe ☞ ETS). Außerdem darf sie Zucker enthalten.
Besser ist es daher, PRE oder 1er-Nahrung zu verwenden. Wenn ein erhöhtes Allergierisiko besteht und noch HA-Nahrung bzw. Spezialnahrung gegeben wird, so kann der Getreide-„Milch"-Brei damit zubereitet werden.

Lesen Sie die Zutatenliste der Produkte genau durch. Manche Flockensorten sind mit ☞ Honig, Zucker (☞ ETS) oder auch mit ☞ Nüssen bzw. Samen angereichert. Das ist für Ihr Baby alles nicht notwendig bzw. nicht geeignet. Außerdem wirken manche Fertigbreie so, als bestünden Sie nur aus Getreideflocken, obwohl sie Milchpulver enthalten. Lesen Sie die Zutatenliste!

Wir empfehlen Ihnen, ausschließlich Muttermilch oder die jeweilige Säuglingsmilchnahrung für den Getreide-„Milch"-Brei zu nehmen. Kuhmilch soll wenn überhaupt, dann nur einmal täglich in geringen Mengen zur Zubereitung des Getreidebreies verwendet werden (☞ ETS).

Falls Sie ☞ Kuhmilch zur Zubereitung nehmen, soll die Milch pasteurisiert sein, einen Fettgehalt von circa 3,5 % aufweisen und möglichst aus biologischer Landwirtschaft stammen.

schließend auf Esstemperatur abkühlen. Fügen Sie eventuell noch Wasser hinzu, bis der Brei die richtige Konsistenz für Ihr Baby hat.

Als glutenfreie Getreideflocken sind Reis-, Hirseflocken und Maismehl geeignet (☞ ETS, GÜ). Es können aber auch schon glutenhaltige Sorten verwendet werden. Diese sind Hafer-, Dinkel- oder Weizenvollkornflocken bzw. Kindergrieß.

Getreide-„Milch"-Brei

ab 8. Monat, 37. Tag
abends täglich

200 ml	**Wasser** (babytauglich), wenn dazu gestillt wird oder 200 ml Säuglingsmilchnahrung
20 g	**Baby-Getreide(vollkorn)-flocken** (je nach Produkt 2 bis 7 EL)
2 TL	**Obstsaft** (Vitamin-C-haltig) oder Obstmus

Kochen Sie das Wasser auf oder bereiten Sie die Säuglingsmilchnahrung zu und rühren Sie die Getreideflocken ein (☞ Getreide). Wenn Sie Instantflocken verwenden, genügt es, diese nur einzurühren. Bei Kinder-Grieß gehen Sie laut Packungsanweisung vor.
Rühren Sie den Obstsaft oder das Obstmus (z. B. Apfelmus) ein und lassen Sie den Getreide-„Milch"-Brei an-

Juniorkost

Gegen Ende des 8. Lebensmonats wächst Ihr Kind ins Alter der „Juniorkost" hinein. Sie können gekochtes Obst und Gemüse nun schon mit der Gabel fein zerdrücken, denn Breie müssen nun für die meisten Kinder nicht mehr „trinkfein" püriert werden. Hat Ihr Kind schon Zähne, so wird es die etwas gröberen Breie (z. B. aus Polenta) bevorzugen. Jedoch sind die Vorlieben von Kind zu Kind verschieden und manche Kinder genießen noch lieber fein pürierte Breie.
Im Gemüse-Fleisch-Brei oder im vegetarischen Hirse- oder Haferbrei (☞ siehe Seite 89) kann statt Obstsaft nun auch schon ein Obstmus (Apfel, Birne) in kleinen Mengen vorkommen.
Auch dem Getreidebrei kann Obstmus in kleinen Mengen Geschmack geben, vor allem wenn dazu gestillt wird.

Beim Gemüse-Fleisch-Brei variieren die Fleischsorten, die am besten aus BIO-Landwirtschaft stammen sollten. Verwenden Sie abwechselnd mageres Rind- oder Kalbfleisch, Hühnerfilet, später auch Putenbrust oder -keule. Sie können allerdings auch Lammfleisch oder andere Fleischsorten (Wild ☞ unser Merkblatt zu dem Thema) nehmen.

Der Gemüseanteil kann jetzt schon aus 1 bis 3 Gemüsesorten (je nach Verfügbarkeit) zusammengesetzt sein, die Sie in diesen Beikostmonaten aus etwa 5 der unten angeführten Sorten auswählen.

Als Gemüsesorten eignen sich Karotten, Kürbis, ☞ Karfiol (Blumenkohl), ☞ Erbsen, ☞ Zucchini (Zucchetti). Stattdessen oder später können Sie auch ☞ Fenchel, ☞ Pastinaken, ☞ Spinat, ☞ Kohlrabi, ☞ Schwarzwurzel, ☞ Brokkoli, kleine Mengen Lauch (Porree) bzw. Tomaten (gehäutet und passiert) – am besten aus biologischer Landwirtschaft – verwenden.

Nehmen Sie für den Brei nicht ausschließlich ☞ nitratreiche Gemüsesorten, sondern mischen Sie diese mit anderem Gemüse – eventuell auch mit Obst – z. B. zu einem Kürbis-Fenchel-Apfel-Reis-Brei.

Als Beilage kann Kartoffel mit Reisschleim und Polenta (gekochtem, gequollenen, feinen Maisgrieß) abgewechselt werden. Nehmen Sie in dem Fall 2 gestrichene EL Maisgrieß und etwa 5 EL Wasser pro Mahlzeit.

Gemüse-Kartoffel-Fleisch-Brei II

ab 9. Monat, 65. Tag
mittags täglich

100 g	**BIO-Gemüse**
50 g	**BIO-Kartoffeln** oder
	25 g (Vollkorn)reis
	(roh gewogen)
30 g	**BIO-Fleisch,** mager
3 TL	**Obstsaft** (Vitamin-C-haltig)
	oder Wasser (babytauglich)
2 TL	**Pflanzenöl**

Das Gemüse und die Kartoffel waschen, schälen und grob zerkleinern. Das Fleisch in kleine Würfel schneiden (oder faschiertes / gehacktes Fleisch verwenden) und gemeinsam mit dem Gemüse in wenig Wasser weich dünsten. Obstsaft (bzw. Wasser oder Gemüsesud) zufügen und mit dem Stabmixer oder Mixaufsatz pürieren, das Öl einrühren und den Brei auf Esstemperatur abkühlen lassen.
Fügen Sie eventuell noch Wasser hinzu, bis der Brei die richtige Konsistenz für Ihr Baby hat.

Variation
Gelegentlich kann das Fleisch durch 10 g Haferflocken und 2 EL Wasser (babytauglich) ersetzt werden.

Als Gemüse eignet sich z. B. Brokkoli, eine Karotten-Fenchel-Mischung oder eine Zucchini-Fenchel-Mischung.

Fingerfood

Etwa ab dem 9. Monat knabbern Babys gerne an (gekochten) Karottenstücken, gekochten (am besten speckigen) Kartoffeln, Birnenstücken bzw. Apfelspalten, später an Bananenstücken, Maisstangen, Hirsebällchen (die leider Salz enthalten, aber im Mund leicht zergehen) oder salzfreien Reiswaffeln.
Letztere werden so weich, dass Ihr Kind sich in der Regel nicht daran verschlucken kann. Kritischer wird es, wenn Ihr Kind schon Zähne hat und größere Stücke abbeißt. Lassen Sie Ihr Kind daher nicht unbeaufsichtigt essen (☞ Merkblatt Knabbereien).

Für manche Kinder ist es auch angenehmer direkt von Muttermilch auf Fingerfood umzusteigen. Ihnen liegt es näher, gleich die Erwachsenen nachzuahmen.
Bitte beachten Sie in dem Fall unbedingt die Hinweise, die auf Seite 56 und in der unten stehenden Tabelle zusammengefasst sind.

Die Lebensmittelpyramide für Babys

Weiterhin bleibt Muttermilch oder Säuglingsmilchnahrung der wesentlichste Bestandteil in Babys Ernährung. Stillerhaltend kann zu und zwischen den Mahlzeiten sowie später morgens und spätabends gestillt werden. Wasser als Getränk anbieten!

Die Basis in der Lebensmittelpyramide bilden die Beilagen: Getreidebreie, getreidehaltige Breie, Kartoffeln und Brot, (milchfreier) Zwieback, Reiswaffeln für Babys, Maisstangen, (zuckerarme) Babykekse oder Hirsebällchen.

Die zweitwichtigste pflanzliche Vitamin- und Mineralstoffquelle setzt sich aus Obst und Gemüse zusammen. Obst- und gemüsehaltige Breie, Frischobststücke und stark verdünnte Säfte spielen hier eine Rolle.

Kleinere Mengen Fleisch (bzw. später Ei oder Fisch) im Gemüsebrei sorgen für gute Eisenzufuhr und liefern gemeinsam mit der Milchnahrung wertvolles Eiweiß.

Hochwertiges, raffiniertes Pflanzenöl (z. B. Rapsöl) und kleine Mengen Butter (zum Brot) bieten wertvolle Fettsäuren und bringen dem Körper Energie.

Noch braucht das Kind jede Nahrung als wichtige Baustoffquelle. „Luxuskalorien", wie sie bei Kleinkindern in Form von Süßigkeiten toleriert werden, sollen im Säuglingsalter vermieden werden.

UMSTIEG AUF FAMILIENKOST

4. Brei – vormittags

Die Vormittagsmahlzeit wird nach und nach ergänzt

Der Frischobst-Brei ist bei Kindern sehr beliebt und wird als Vormittagsmahlzeit (bzw. nachmittags als Grundlage für den Zwieback-Obst-Brei) etwa ab dem Anfang des 9. Lebensmonats empfohlen.
Achten Sie auf die Qualität der Früchte und bevorzugen Sie saisonale Früchte aus biologischer Landwirtschaft!
Zwischen Einkauf und Zubereitung sollte nur kurz und kühl gelagert werden, am besten eignet sich dazu das Gemüsefach des Kühlschranks.
Manche Vitamine, vor allem Vitamin C, werden durch den Sauerstoff aus der Luft an der Schnittfläche der Frucht zerstört. Schälen und zerkleinern Sie Obst deshalb erst nach dem Waschen, und füttern Sie möglichst unmittelbar nach dem Zubereiten.
Denn je länger der Sauerstoff der Luft Zeit hat, an die zerkleinerte Nahrung heranzukommen, desto mehr wertvolle Vitamine gehen verloren.

Info:
Unterwegs lässt sich vor allem ☞ Banane gut „servieren", weil Sie leicht mit einem Löffel aus der Schale zu schaben ist.

Frischobst-Brei

ab 9. Monat, 65. Tag
vormittags täglich

- **100 g** **BIO-Obst** der Saison
- **1 EL**   Obstsaft oder **Wasser** (babytauglich)

Pürieren Sie das gewaschene, geschälte und zerkleinerte Obst gemeinsam mit dem Obstsaft oder Wasser mittels Pürierstab oder Mixaufsatz zu einem Brei oder reiben Sie es mittels Glasreibe fein.

Variation

Als Obst eignen sich entweder ein kleiner, geriebener Apfel oder eine kleine, geriebene Birne, ein kleiner, gehäuteter und pürierter ☞ Pfirsich, später auch eine kleine pürierte Banane oder 2 mittelgroße gehäutete, pürierte ☞ Marillen (Aprikosen) oder auch zerdrückte ☞ Beerenfrüchte.

An der Straße angebotene Lebensmittel sammeln auf ihrer Oberfläche Straßenstaub und somit Schadstoffe an. Kaufen Sie kein Obst oder Gemüse, das direkt an stark befahrenen Straßen angebaut oder zum Kauf angeboten wird!

Zwieback-Obst-Brei

ab 9. Monat, 81. Tag
nachmittags 1- bis 7-mal pro Woche

100 g	**BIO-Obst** der Saison (oder aus dem Gläschen)
2	**Scheiben Baby-Vollkornzwieback,** milchfrei
100 ml	**Wasser** (babytauglich)
1 TL	**Pflanzenöl** (oder 4 bis 5 g einer anderen Fettquelle)

Das gewaschene, geschälte und zerkleinerte Obst mit dem Stabmixer oder Mixaufsatz pürieren. Den Zwieback in einen Tiefkühlbeutel geben, locker verschließen und leicht mit dem Nudelwalker (Nudelholz / Wallholz) zerdrücken bis feine Brösel (Krümel) entstanden sind. Das Wasser aufkochen und die Brösel einrühren. Geben Sie das Obstmus und das Öl zum Zwiebackbrei und lassen Sie den Brei auf Esstemperatur abkühlen. Fügen Sie evtl. noch Wasser hinzu, bis der Brei die richtige Konsistenz für Ihr Baby hat.

Biskotten (Löffelbiskuit) und viele andere Kinderkekse eignen sich nicht so gut, da sie sehr süß sind. Probieren Sie die Kekse am besten selber – sie sollten maximal schwach süßlich schmecken – und vergessen Sie nicht, die Zutatenliste unter die Lupe zu nehmen!

Babymenüs ab 10. Monat

Ab dem 10. Monat dürfen auch schon manche unserer Babymenüs (siehe Seite 90 ff.) angeboten werden. Sie können für die Familie abgewandelt werden, sodass Sie nur einmal zu kochen brauchen.

> **Umrechnung für die Familie**
> *Rechnen Sie etwa die doppelte Menge für ein älteres Kind und die 2,5-fache Menge für einen Erwachsenen.*

Wir haben die Rezepte anhand unseres Beikostfahrplanes zeitlich geordnet, sodass die Auswahl und die stufenweise Zuordnung leichter fällt. Zum Großteil sind die Babymenüs im Beikostfahrplan zu den einzelnen Zutaten angeführt. Beachten Sie die zeitlichen Angaben bei jedem Rezept. Eine alphabetische Übersicht über alle Rezepte finden Sie auf Seite 152.

Manche Kinder lieben noch das Feinpürierte. Im Fleischbrei, so dieser noch gefüttert wird, ändern sich die Mengen ein wenig.
Eventuell können Sie einen weiteren TL Saft dazugeben. Ab dem 10. Lebensmonat sind als Fettquellen auch ☞ Butter oder milchfreie ☞ Margarine empfehlenswert. Sie gewinnen auch als Streichfett auf das Brot an Bedeutung. Bleiben Sie hauptsächlich bei Rapsöl als Fettquelle!

Gemüse-Kartoffel-Fleisch-Brei III

ab 10. Monat, 93. Tag
mittags täglich

100 g	**BIO-Gemüse**
60 g	**BIO-Kartoffeln** oder 25 g (Vollkorn)reis (roh gewogen)
30 g	**BIO-Fleisch,** mager
3 TL	**Obstsaft** (Vitamin-C-haltig), oder Gemüsesud (entspricht 1,5 EL)
2 TL	**Pflanzenöl** (oder 8 bis 10 g einer anderen Fettquelle)

Das Gemüse und die Kartoffel waschen, schälen und grob zerkleinern. Das Fleisch in kleine Würfel schneiden (oder Faschiertes / Hackfleisch verwenden) und gemeinsam mit dem Gemüse in wenig Wasser dünsten.
Obstsaft, Wasser oder Gemüsesud zufügen und mit dem Stabmixer pürieren, Öl einrühren und den Brei abkühlen lassen.

> *Gelegentlich kann das Fleisch durch 10 g Haferflocken und 2 EL Wasser (babytauglich) ersetzt werden.*
> *Wenn im Brei dann nicht 2-3 EL Saft verwendet werden (Menge für vegetarische Beie), soll die gleiche Menge Bestandteil eines Getränks sein. Der Anteil an Wasser kann dabei differieren.*

5. Brei oder Frühstück

Wenn Ihr Kind 10 Monate alt ist, können Sie langsam anfangen, zu einem anderen Frühstück überzugehen. Wählen Sie die Zutaten im 11. und 12. Monat nach dem Beikostplan oder Ihrer eigenen Version eines Beikostplanes aus. Entweder bieten Sie noch einen Getreide-„Milch"-Brei und dazu Tee bzw. einen Getreide-Wasser-Obstbrei und dazu Muttermilch an, oder Sie gehen zum Familienfrühstück über.

Das Familienfrühstück

Stillen Sie weiterhin oder bieten Sie die Säuglingsmilchnahrung (PRE oder 1er) nun in einer Tasse oder einer Lerntasse an. Manchen Kindern ist aber die vertraute Flasche noch angenehmer. Ab dem vollendeten 1. Lebensjahr kann das Kleinkind als Frühstücksgetränk statt der Säuglingsmilchnahrung nach und nach Vollmilch erhalten.
Tipps für einen Umstieg finden Sie in „Essen und Trinken im Kleinkindalter" (☞ weiterführende Literatur). Dort sind viele interessante Fragen zum 2. Lebensjahr beantwortet.

Standardfrühstück

- 1/2   **Scheibe** (Vollkorn)brot
- 1/2 TL **Butter** oder Margarine, milchfrei
- 200 ml **Milchnahrung** als Getränk od. Muttermilch

Zumindest die Hälfte der tägl. Brotmenge sollte feines Vollkornbrot sein, um die Verdauung zu unterstützen. Die restliche Brotmenge kann aus herkömmlichem Mehl bestehen. Achten Sie aber darauf, dass sich auf dem Brot keine groben Körner oder Nüsse befinden, an denen sich Ihr Kind verschlucken kann. Ein Brotrezept finden Sie auf Seite 142. Anstelle von Brot und Muttermilch bzw. Milchnahrung kann auch ein Getreide-„Milch"-Brei gegeben werden.

Zwischenmahlzeit am Vormittag oder Nachmittag

Als Zwischenmahlzeit kann entweder noch der Obstbrei (eventuell mit Getreideflocken) oder eine der folgenden Variationen angeboten werden:

Variation 1
- 1/2   **Semmel** (Brötchen) oder feines (Vollkorn)brot
- 1/2 TL **Butter** oder Margarine, milchfrei
- 1/2   **Apfel**
         Getränk nach Bedarf, z. B. Morgentee (☞ Seite 87)

Die halbe Semmel mit der Butter bestreichen. Den frischen Apfel waschen, schälen, entkernen und in dünne Spalten schneiden. Zur Mahlzeit reichen.

Variation 2

1–2	**Marillen** (Aprikosen)
2–3 Stk	**(Vollkorn)kekse,** milchfrei
	Getränk nach Bedarf, z. B. Tagestee (☞ Seite 87)

Die Marillen waschen, halbieren, entkernen und in dünne Spalten schneiden, zu den Keksen reichen.

Variation 3

1/2	**Birne**
1	**Scheibe (Vollkorn)knäckebrot**
1/2 TL	**Butter** oder Margarine, milchfrei
	Getränk nach Bedarf, z. B. Abendtee (☞ Seite 87)

Das Knäckebrot mit der Butter bestreichen. Die Birne waschen, schälen, entkernen und in kleine Stücke schneiden. Zum Knäckebrot reichen.

Variation 4

1/2	**Scheibe** (Vollkorn)brot
1/2 TL	**Butter** oder Margarine, milchfrei
1	**Karotte,** fein gerieben
1/2	**Apfel,** fein gerieben
	Getränk nach Bedarf, z. B. 1 Fingerbreit Apfelsaft mit Wasser

Das Brot mit Butter bestreichen und in Streifen schneiden. Karotte und Apfel waschen, schälen und fein reiben. Das Karotten-Apfel-Gemisch in eine kleine Schüssel geben und gemeinsam mit den Brotstücken servieren.

Variation 5

20 g	**(Vollkorn)reis** (roh gewogen)
4 EL	**Wasser**
50 g	**BIO-Obst** der Saison
	Getränk nach Bedarf, z. B. 1 Fingerbreit Beerensaft mit Wasser

Reis mit Wasser weich dünsten. Das Obst waschen, schälen, klein schneiden und unter den Reis mischen.

Getränke

Als Getränke können Sie ein Glas babytaugliches Leitungswasser (Hahnenwasser) ☞ ETS, stilles oder abgekochtes Mineralwasser (geeignete Sorten ☞ Wasser) bzw. eine Tasse ungesüßten Kräuter- oder Früchtetee anbieten.
Eventuell kann dem Wasser bzw. dem Tee durch 2 EL Obst- bzw. Gemüsesaft (für Babys) Geschmack und Farbe verliehen werden.

Schon ab dem 9. Lebensmonat können frisch zubereitete Gemüse- oder Obstsäfte verdünnt verwendet werden. Mit dem Pürierstab oder Mixaufsatz lassen sich z. B. BIO-Apfelstückchen und Tee zu einem Fruchtdrink verarbeiten.
Da Obstsaft relativ viel natürlichen Zucker enthält und ein halbes Glas davon etwa einer Portion Obstbrei entspricht, sollte die Verdünnung zumindest 1:1 betragen. Noch besser ist es, Sie gewöhnen Ihr Kind an Durstlöscher mit etwa 1/10 Obstsaft oder weniger.

> **Smoothies** *(Ganzfruchtgetränke siehe ☞ „Essen und Trinken im Kleinkindalter") bestehen meist aus Mischungen mit exotischen Obstsorten und sind manchmal milchhaltig. Sonst wären sie* **stark verdünnt** *ebenfalls als Getränk oder als Bestandteil eines Breies geeignet.*

Tee soll für Babys sehr mild und nur aus wenigen Bestandteilen zusammengesetzt sein. Folgende Varianten haben wir für Sie zusammengestellt.

Lassen Sie sich die Tees in der Apotheke mischen, sofern keine fertig abgepackten Mischungen erhältlich sind!

Morgentee
Erfrischend ist folgender Tee, der auch gut mit Apfelsaft kombiniert werden kann:

- 3 Teile Apfelminze, mild
- 3 Teile Malvenblüten und -blätter
- 2 Teile Zitronenmelisse

1 TL davon mit 250 ml kochendem Wasser übergießen und 5 Minuten ziehen lassen. Durch ein Sieb gießen und auf Trinktemperatur abkühlen lassen. Im Trinkbecher, in der Flasche oder einer unzerbrechlichen Tasse anbieten!

Tagestee
Als Tagestee eignet sich die folgende Früchtemischung, die auch mit Orangen- oder Apfelsaft serviert werden kann. (Durch Mischen kühlt der Tee auch rascher ab.)
Die Zubereitung erfolgt wie beim Morgentee.

- 1 Teil BIO-Apfelstückchen (mit Schale), getrocknet
- 1 Teil Hagebutten

> *Trinken Sie als stillende Mutter nicht die Reste, da Minze- und Salbeitees die Milchbildung eher verringern.*

Abendtee
Als Abendtee oder auch zur Beruhigung kann folgende Mischung verwendet werden, die sich mit Birnensaft oder Traubensaft süßen lässt.
Die Zubereitung erfolgt wie beim Morgentee.

- 20 Teile Fenchelsamen, zerkleinert
- 10 Teile Zitronenmelisse
- 1 Teil Kamille, ganz (evtl.)

Da Kamille den Tee rasch bitter macht, lässt man diesen Tee max. 5 Minuten ziehen oder verwendet nur Fenchelsamen und Zitronenmelisse.

> *Statt Kamillenblüten können Sie natürlich auch Zitronenverbene nehmen. Sie enthält weniger Bitterstoffe.*

Mittagessen

Sie können nun weiterhin einen Gemüsebrei füttern oder langsam zur Familienkost übergehen.

Das Essen wird dabei zwar immer noch grob zerkleinert, kann aber in einzelnen Gruppen (Beilagen) zubereitet und serviert werden. Als (BIO-)Gemüse lassen sich u.a. schon ☞ Kürbis, Kohlrabi, ☞ Karfiol (Blumenkohl), ☞ Brokkoli, ☞ Erbsen, ☞ Tomaten (gehäutet und passiert), ☞ Fenchel bzw. ☞ Pastinaken verwenden.
Weder Gemüse noch Beilagen sollen gesalzen oder scharf gewürzt sein. Würzen Sie nach Ihren Vorlieben erst, nachdem Sie den Teil für Ihr Kind entnommen haben.

Abwechselnd sollte mageres Rind- oder Kalbfleisch, Putensteak, Hühnerfilet und mageres Schweinefleisch verwendet werden. Das (BIO-)Fleisch kann gelegentlich durch 15 g Vollkornhaferflocken und 3 El Obstsaft ersetzt werden.
Geben Sie dem Fleisch oder Gemüse nach dem Erhitzen eventuell frische, gehackte Kräuter (Petersilie, Basilikum, Dill oder Schnittlauch) zu und garen Sie diese kurz mit.
Wählen Sie anfangs diejenigen Lebensmittel, die Ihr Kind bereits aus der bisherigen Beikost kennt, und erweitern Sie den Speiseplan schrittweise! Hier das Standardrezept, das Sie auch in unseren Babymenüs in abgewandelter Form wiederfinden.

Standardrezept Mittag

- 100 g **BIO-Gemüse**
- 2 EL **Wasser** zum Dünsten
- 2 TL **Pflanzenöl,** Butter oder Margarine, milchfrei

- 60 g **BIO-Kartoffeln** (oder 30 g Vollkornreis, evtl. eifreie Vollkornteigwaren, roh gewogen)

- 30 g **BIO-Fleisch,** mager
- 3 TL **Obstsaft** (Vitamin-C-haltig) oder Wasser (babytauglich)

Gemüse waschen, schälen und grob zerkleinern und in 2 EL Wasser gar kochen. Das gedämpfte, mit der Gabel oder dem Pürierstab zerkleinerte Gemüse wird mit Öl oder Butter vermengt. Dazu können Sie Kartoffeln, Nudeln oder Polenta (Maisgrieß) servieren.
Gekochtes Fleisch können Sie für größere Kinder in kleine Würfel schneiden oder gekochtes, faschiertes (gehacktes) Fleisch verwenden und es mit wenig Wasser oder Obstsaft pürieren.
Servieren Sie die Zutaten einzeln nebeneinander.

Speziell für Ihr Kind vorbereiteter Fleischbrei lässt sich portioniert tieffrieren und unter das aktuelle Angebot an Gemüse und Beilagen vom Familientisch mischen.

Vegetarischer Gemüse-Hafer-Brei

ab 9. Monat, 65. Tag
mittags 7-mal pro Woche

100 g	**BIO-Gemüse**
60 g	**BIO-Kartoffeln** (1 kleine Kartoffel)
2 EL	**Wasser** (babytauglich)
1 EL	**Baby-Haferflocken** (Haferschleim)
3 EL	**Obstsaft** (Vitamin-C-haltig)
2 TL	**Pflanzenöl**

Gemüse (☞ eisenreiche pflanzliche Zutaten) und Kartoffel kurz waschen, schälen und grob zerkleinern. Dünsten Sie beides mit wenig Wasser in einem geschlossenen Topf, fügen Sie die 2 EL Wasser (für die Getreideflocken) zu, und lassen Sie alles nochmals aufkochen. Geben Sie die Baby-Haferflocken (☞ Hafer) dazu. Instantflocken brauchen nur eingerührt zu werden. Manche Produkte müssen laut Anweisung auf der Packung noch aufgekocht werden, bevor sie gemeinsam mit Obstsaft (bzw. Wasser oder Gemüsesud) püriert werden. Schließlich Öl einrühren und dann den Brei auf Esstemperatur abkühlen.

Abendessen

Aus dem Getreide-„Milch"-Brei wird nun langsam ein Abendessen am Familientisch. In manchen Familien wird nur abends warm gekocht. In diesem Fall können Mittags- und Abendmahlzeit getauscht werden, sodass mittags der Getreide-„Milch"-Brei angeboten wird und abends Gemüse, Beilage und Fleisch die Mahlzeit bilden.

Von den meisten Kindern wird Obst oder Gemüse (z. B. Karotten, Tomaten, Gurken) abends roh problemlos vertragen. Wenn dies die Verdauung Ihres Kindes jedoch belastet und z. B. Blähungen hervorruft, sollten Sie lieber weiterhin abends etwas Warmes servieren.

Der Geschmack Ihres Kindes entwickelt sich schrittweise. Auch Ihr Kind wird nach und nach seine Vorlieben zeigen. So kann es zu Abweichungen von unserem Beikostplan kommen. Sie können verschiedene Obst- und Gemüsesorten innerhalb Ihres eigenen Stufenplanes ausprobieren.

Standardrezept Abend

1/2	**Scheibe** (Vollkorn)brot oder 1/2 Semmel (Brötchen)
1/2 TL	**Butter** oder Margarine, milchfrei
50 g	**BIO-Obst** oder Gemüse der Saison, roh bzw. gekocht
200 ml	**Milchnahrung** als Getränk

Das Brot mit Butter bestreichen. Das Obst waschen, zerkleinern und dazu reichen.

Eine Möglichkeit dieses Verhältnis an Zutaten anzubieten ist unserem Rezept *„Vollkornweckerl mit Apfelspalten"* auf Seite 138 zu entnehmen.

BABYMENÜS FÜR DAS MITTAGESSEN

Brokkoli mit Bröseln

Menge für 1 Portion
ab 10. Monat, 93. Tag
vegetarisch

100 g	BIO-Brokkoliröschen
60 g	BIO-Kartoffeln
	(1 kleine Kartoffel)
3 EL	**Apfelsaft**
	evtl. etwas **Salz**
	(nach dem 1. Lebensjahr)
2 TL	**Rapsöl**
2 EL	**(Vollkorn)semmelbrösel**
	(Paniermehl), milchfrei

Garen Sie die Brokkoliröschen in wenig Wasser. Waschen Sie die Kartoffel und garen Sie sie mit der Schale. Schälen Sie die Kartoffel und pressen Sie sie durch eine Kartoffelpresse.
Vermengen Sie anschließend die Kartoffelmasse mit dem Apfelsaft und (für Kinder nach dem 1. Lebensjahr) mit etwas Salz.
Erhitzen Sie das Rapsöl und lassen Sie die Semmelbrösel (das Paniermehl) unter ständigem Rühren darin ganz leicht braun werden (nicht rösten!).
Geben Sie dann die Brokkoliröschen auf ein Bett aus Kartoffelmasse und darüber die Semmelbrösel.

Familientisch
Für größere Kinder und Erwachsene können Sie den Bröseln (dem Paniermehl) noch etwas Salz bzw. hart gekochte, in kleine Würfel geschnittene Eier unterheben.

Variation
Natürlich können Sie statt der Brokkoliröschen auch Karfiolröschen (Blumenkohlröschen) verwenden, sobald Ihr Kind diese schon bekommen hat. Brokkoli hat jedoch einen doppelt so hohen Calciumgehalt wie Karfiol (Blumenkohl) und enthält um 50 % mehr Eisen.

Tipp:
Sie können (Vollkorn)semmeln (Brötchen), die Sie dann zu Semmelbrösel (Paniermehl) reiben, auch selber machen.
Unser Rezept „Vollkornweckerln oder -brote" finden Sie auf der Seite 142 im Kapitel „Kuchen, Kekse und Brote".

NOTIZEN

Kürbisrisotto

Menge für 1 Portion
ab 10. Monat, 97. Tag
vegetarisch

100 g	**BIO-Kürbisfleisch** (Butternuss, Hokkaido)
2 TL	**Rapsöl**
2 EL	**Risottoreis** oder (Vollkorn)rundkornreis
100 ml	**Wasser** (babytauglich)
1 EL	**(Vollkorn)haferflocken**
3 EL	**Apfelsaft**
	evtl. etwas **Salz** (nach dem 1. Lebensjahr)

Schneiden Sie das Kürbisfleisch in kleine Würfel. Erhitzen Sie das Rapsöl vorsichtig und rühren Sie den Reis dazu. Gießen Sie mit ca. 1/3 der Wassermenge auf, geben Sie nach und nach 2/3 Wasser hinein und fügen Sie das Kürbisfleisch und die Haferflocken dazu. Zuletzt geben Sie noch den Apfelsaft darunter.

Risotto wird in einem Topf ohne Deckel auf kleiner Flamme gekocht, indem mehrmals Wasser nachgegossen und immer wieder umgerührt wird, bis das Wasser vom Reis aufgesogen wurde. Das Risotto bekommt so seine cremige Konsistenz.

Familientisch

Für größere Kinder und Erwachsene können Sie sparsam salzen und zusätzlich ein wenig Zwiebel anrösten, mit etwas Zitronensaft ablöschen und dazugeben. Zum Schluss können Sie zur Verfeinerung noch 1 TL Sauerrahm (Saure Sahne) unterheben und das Risotto mit Parmesan oder Pecorino bestreut servieren.

Variation

Risotto kann wunderbar mit allen Gemüsesorten, die Ihr Baby schon bekommen hat, zubereitet werden (z.B. mit Erbsen). Für ältere Babys und Erwachsene kann man auch Champignons oder Spargel verwenden.

Info:
Die Haferflocken erhöhen den Eisengehalt dieser vegetarischen Speise, da sie relativ eisenreich sind. Sie können auch Hirseflocken stattdessen verwenden.

NOTIZEN

Polpetti mit Kartoffelpüree und gedünsteten Karotten

Menge für 1 Portion
ab 10. Monat, 101. Tag

40 g	**BIO-Rinderfaschiertes**	(Rinderhackfleisch)
1 TL	**Petersilie,** gehackt	
	evtl. etwas **Salz**	
	(nach dem 1. Lebensjahr)	
60 g	**BIO-Kartoffeln**	(1 kleine Kartoffel)
2 TL	**Rapsöl**	
3 TL	**Apfelsaft**	
	evtl. etwas **Salz**	
	(nach dem 1. Lebensjahr)	
100 g	**BIO-Karotten**	(1 mittelgroße Karotte)

Waschen Sie die Kartoffel gut und garen Sie sie mit der Schale.
Vermengen Sie das Faschierte (Hackfleisch) mit der Petersilie und etwas Salz (für Kinder nach dem 1. Lebensjahr) und formen Sie aus der Masse mit festem Druck 3 kleine Knödel (Bällchen). Dünsten Sie diese Knödelchen in wenig Wasser zugedeckt ca. 10 Minuten lang. Prüfen Sie vor dem Servieren, ob die Knödelchen auch sicher gar sind.

Waschen und schälen Sie die Karotten und schneiden Sie sie in feine Stifte. Geben Sie diese in einen kleinen Topf mit wenig Wasser und dünsten Sie sie bissfest.

Schälen Sie die Kartoffel und pressen Sie sie durch eine Kartoffelpresse. Vermengen Sie die Kartoffelmasse anschließend mit dem Rapsöl, dem Apfelsaft und eventuell etwas Salz (für Kinder nach dem 1. Lebensjahr).

Richten Sie alle 3 Zutaten nebeneinander auf einem Teller an.

Variation

Statt der Karotten können Sie je nach Jahreszeit auch Zucchini (Zucchetti) oder Brokkoliröschen verwenden, für den Fall, dass Ihr Kind diese schon kennengelernt hat.

NOTIZEN

Spaghetti mit Tomatensauce

Menge für 1 Portion
ab 10. Monat, 105. Tag

25 g	**(Vollkorn)spaghetti** (roh gewogen), eifrei
50 g	**BIO-Tomaten** (1 Stück)
50 g	**BIO-Karotten** (1 kleine Karotte)
2 TL	**Rapsöl**
30 g	**BIO-Rinderfaschiertes** (Rinderhackfleisch)
	evtl. etwas **Salz** (nach dem 1. Lebensjahr)
3 TL	**Apfelsaft**

Kochen Sie die Spaghetti in viel Wasser gar.

Waschen Sie die Tomate, entfernen Sie den Stielansatz und würfeln Sie die Tomate klein. Waschen und schälen Sie die Karotte und schneiden Sie sie in dünne Scheiben. Dünsten Sie beides gar und pürieren Sie das Gemüse mit dem Pürierstab oder Mixaufsatz.

Erhitzen Sie das Rapsöl und garen Sie unter Rühren das Faschierte (Hackfleisch) bis es grau ist (nicht rösten!). Geben Sie (für Kinder nach dem 1. Lebensjahr) eventuell etwas Salz dazu und vermengen Sie alles mit dem Gemüse und dem Apfelsaft.

Geben Sie dann die Sauce über die Spaghetti.

Familientisch

Für größere Kinder und Erwachsene würzen Sie noch mit etwas Oregano nach und servieren Sie den Apfelsaft verdünnt als Getränk dazu, statt ihn dem Gericht beizumengen.

Variation

Für kleinere Babys können Sie Suppennudeln verwenden, später Spaghetti. Für Spaghetti Napoli (vegetarisch) verwenden Sie 3 EL Wasser (babytauglich) und rühren 1 EL Haferflocken bzw. Haferschleim in die Sauce, dafür lassen Sie das Rindfleisch weg.

NOTIZEN

Couscous mit Karotten und Putenschinken

Menge für 1 Portion
ab 10. Monat, 109. Tag

100 g	**BIO-Karotten** (1 mittelgroße Karotte)
5 EL	**Wasser** (babytauglich)
4 EL	**Couscous**
30 g	**Putenschinken**
3 TL	**Apfelsaft**
2 TL	**Rapsöl**
	evtl. etwas **Salz** (nach dem 1. Lebensjahr)

Waschen und schälen Sie die Karotte und schneiden Sie sie in feine Streifen. Dünsten Sie die Karotte bissfest.

Kochen Sie das Wasser für den Couscous auf, nehmen Sie es vom Herd, rühren Sie den Couscous ein und lassen Sie ihn 5 Minuten ohne Hitzezufuhr quellen.
In der Zwischenzeit schneiden Sie den Putenschinken in sehr feine Würfel. Mischen Sie dann Schinken, Karotten, Apfelsaft und Rapsöl mit dem Couscous.

Für Kinder, die älter als 1 Jahr sind, können Sie das Gericht sparsam salzen.

Variation
Statt der Karotten können Sie auch geraspelten Kohlrabi – falls Ihr Kind diesen schon kennengelernt hat – oder andere Gemüsesorten verwenden.

Familientisch
Für größere Kinder und Erwachsene können Sie noch geriebenen Käse und gehackte Petersilie darüberstreuen.

Info:
Couscous ist ein spezieller Weizengrieß, der vor allem in Tunesien und Marokko gerne als Beilage zu Gemüse und Fleischgerichten gegessen wird. Er ist praktisch wegen der kurzen Zubereitungszeit.

NOTIZEN

Schinkenfleckerln mit Erbsen

*Menge für 1 Portion
ab 11. Monat, 113. Tag*

2 EL	**(Vollkorn)fleckerln** (-teigwaren), eifrei
100 g	**BIO-Erbsen,** TK
30 g	**Schinken** (Kochschinken)
2 TL	**Rapsöl**
	evtl. etwas **Salz** (nach dem 1. Lebensjahr)
3 TL	**Apfelsaft**
	Wasser (babytauglich) als Getränk

Kochen Sie die ☞ Fleckerln (Teigwaren) in viel Wasser gar.
Dünsten Sie die Erbsen in wenig Wasser bissfest, schneiden Sie den Schinken in sehr feine Würfel und mischen Sie vor dem Servieren alles mit dem Rapsöl.

Reichen Sie den Apfelsaft verdünnt mit Wasser als Vitamin-C-reiches Getränk zur Mahlzeit.

Familientisch

Für größere Kinder und Erwachsene rühren Sie statt des Rapsöls eine Mischung aus Ei und Sauerrahm (Saurer Sahne) unter die Nudeln. Würzen Sie diese mit Salz und Pfeffer und überbacken Sie alles bei 200 °C im nicht vorgeheizten Rohr (Backofen) ca. 20 – 30 Minuten.

NOTIZEN

Kartoffel mit Karfiol-Schinkensauce

Menge für 1 Portion
ab 10. Monat, 113. Tag

60 g	**BIO-Kartoffeln**
	(1 kleine Kartoffel)
30 g	**Schinken** (Kochschinken)
50 g	**BIO-Karfiolröschen**
	(Blumenkohl)
50 g	**Zucchini**
3 TL	**Apfelsaft**
2 TL	**Rapsöl**
	evtl. etwas **Salz**
	(nach dem 1. Lebensjahr)

Waschen Sie die Kartoffel gut und garen Sie sie mit der Schale.
Schneiden Sie den Schinken (Kochschinken) in sehr feine Würfel. Dünsten Sie die Karfiolröschen (Blumenkohlröschen) und die Zucchini und pürieren Sie beides mit dem Apfelsaft, dem Rapsöl, eventuell etwas Wasser (und für Kinder nach dem 1. Lebensjahr mit etwas Salz), sodass eine sämige Sauce entsteht. Fügen Sie dann den Schinken hinzu.

Schälen Sie die gegarte Kartoffel und pressen Sie sie durch eine Kartoffelpresse. Servieren Sie das Kartoffelpüree zur Sauce.

Familientisch
Für größere Kinder und Erwachsene lassen Sie die Kartoffeln ganz und zum Würzen der Sauce können Sie die verschiedensten Kräuter der Saison verwenden, auch Muskat passt als Gewürz. 1 EL Kaffeeobers (Sahne) oder etwas Panna Cotta rundet die Sauce gut ab.

Variation
Natürlich lassen sich statt der Kartoffel auch Reis, Polenta oder Nudeln verwenden. Außerdem können Sie auch nur Karfiol (Blumenkohl) oder stattdessen auch nur Kohlrabi nehmen, sofern Ihr Kind diesen schon kennengelernt hat.

Eine weitere im Beikostplan beschrieben Variante ist, dieses Gericht mit einem hart gekochten Eidotter (Eigelb) statt des Schinkens anzubieten.
Dieses Rezept ist auch als Paprika-Schinkensauce (☞ Beikostplan) eine schmackhafte Alternative.

NOTIZEN

Lamm-Ragout mit Fenchelgemüse

Menge für 1 Portion
ab 10. Monat, 117. Tag

60 g	**BIO-Kartoffeln**
	(1 kleine Kartoffel)
30 g	**BIO-Lammfleisch**
2 TL	**Rapsöl**
2 EL	**Wasser** (babytauglich)
50 g	**BIO-Fenchel**
50 g	**BIO-Gemüse,** geraspelt
	oder kleine Röschen
3 TL	**Apfelsaft**
1 TL	**Getreideflocken**
	zum Binden (evtl.)
	evtl. etwas **Salz**
	(nach dem 1. Lebensjahr)

Waschen Sie die Kartoffel gut und garen Sie sie mit der Schale.

Schneiden Sie in der Zwischenzeit das Lammfleisch in kleine Stücke. Erhitzen Sie das Rapsöl vorsichtig in einem Topf und braten Sie das Fleisch darin an, bis es durchgehend gar ist (nicht rösten!). Fügen Sie das Wasser und das zerkleinerte Gemüse dazu. Sie können Fenchel und Karotten, Kohlrabi, Schwarzwurzel, Karfiol / Blumenkohl oder anderes verwenden – je nachdem, was Ihr Baby schon kennt. Dünsten Sie das jeweilige Gemüse zugedeckt entsprechend lang, ca. 15 Minuten.

Geben Sie den Apfelsaft zur Fleisch-Gemüse-Mischung und rühren Sie eventuell noch etwas Getreideflocken (z. B. Haferflocken) darunter, falls Sie die Sauce etwas sämiger wünschen. Schälen Sie die gegarte Kartoffel und pressen Sie sie durch eine Kartoffelpresse.
Servieren Sie beides gemeinsam auf einem Teller.

Familientisch
Für größere Kinder und Erwachsene können Sie sparsam salzen und als Gewürze fein gehackte Kräuter der Saison verwenden. Auch etwas Zitronensaft anstelle von Apfelsaft gibt dem Ragout eine spritzige Note. Zum Binden verwenden Sie entweder ebenfalls die Getreideflocken oder ein wenig mit Wasser angerührtes Mehl. Zum Schluss können Sie noch 1 EL Sauerrahm (Saure Sahne) unterrühren.

Variation
Sie können jegliches Fleisch (Putenbrust, Rindsragout) bei diesem Standardrezept verwenden. Statt der Kartoffeln können Sie auch Reis, Nudeln, Couscous oder Polentaschnitten aus dem Buch *„Pfiffige Rezepte für kleine und große Leute"* (☞ weiterführende Literatur) zum Ragout servieren.

NOTIZEN

Falscher Tafelspitz

Menge für 1 Portion
ab 10. Monat, 121. Tag

60 g	**BIO-Kartoffeln** (1 kleine Kartoffel) evtl. etwas **Salz** (nach dem 1. Lebensjahr)
30 g	**BIO-Rindslungenbraten** (Rinderfilet)
2 TL	**Rapsöl**
1/2	**Spinatgläschen,** fein (à 190 g)
3 TL	**Apfelsaft** **Wasser** (babytauglich) als Getränk

Waschen Sie die Kartoffel gut und garen Sie sie mit der Schale. Entfernen Sie die Schale und pressen Sie die Kartoffel durch eine Kartoffelpresse.

Braten Sie das in kleine Würfel geschnittene (oder faschierte / gehackte) Rinderfilet im Rapsöl bei nicht allzu starker Hitze (nicht rösten!).
Erwärmen Sie das halbe Spinatgläschen im Wasserbad oder in der Mikrowelle laut Herstellerangabe.

Servieren Sie alle drei Zutaten auf einem Teller und bieten Sie den Apfelsaft stark verdünnt mit Wasser als Vitamin-C-reiches Getränk zur Mahlzeit an.

NOTIZEN

Hirsetopf mit Fenchel

*Menge für 1 Portion
ab 11. Monat, 125. Tag
vegetarisch*

2 EL	**Hirse**
50 g	**BIO-Karotten** (1 kleine Karotte)
50 g	**BIO-Fenchel**
100 ml	**Wasser** (babytauglich)
2 TL	**Rapsöl**
1 TL	**Petersilie**, gehackt
3 EL	**Apfelsaft**
	evtl. etwas **Salz** (nach dem 1. Lebensjahr)

Waschen Sie die Hirse 6- bis 7-mal heiß. Waschen und putzen Sie die Karotte und schneiden Sie sie in feine Scheiben. Schneiden Sie nun den gewaschenen und geputzten Fenchel in feine Streifen.

Lassen Sie das Wasser aufkochen, geben Sie die Hirse sowie das Gemüse und das Rapsöl hinein. Garen Sie den Eintopf auf kleiner Flamme ca. 20 Minuten lang und fügen Sie dann die Petersilie, den Apfelsaft (und für Kinder nach dem 1. Lebensjahr etwas Salz) hinzu.

Variation
Statt der Hirse können Sie auch (Vollkorn)nudeln, eifrei oder (Vollkorn)reis verwenden. Diese enthalten jedoch weniger Eisen als Hirse.

NOTIZEN

Lauchstrudel-Päckchen

Menge für 1 Portion
ab 11. Monat, 129. Tag

100 g	**BIO-Lauch** (Porree)
30 g	**BIO-Hühnerbrust,** sehr klein geschnitten
1 EL	**Wasser** (babytauglich)
2 EL	**(Vollkorn)reis,** gekocht
	evtl. etwas **Salz** (nach dem 1. Lebensjahr)
1	**Strudelteigblatt**
2 TL	**Rapsöl**
	Geschirrtuch
	Backpapier oder Fett für ein Backblech
3 TL	**Apfelsaft**
	Wasser (babytauglich) als Getränk

Waschen und putzen Sie den Lauch (Porree). Schneiden Sie ihn nun in feine Querstreifen und dünsten Sie ihn unter Rühren mit dem Hühnerfleisch und dem Wasser in einer Pfanne, bis das Fleisch weiß und gar ist (nicht rösten!). Mengen Sie nun der Füllmasse den gekochten (Vollkorn)reis und (für Kinder nach dem 1. Lebensjahr) eventuell das Salz bei.

Legen Sie das Strudelteigblatt auf ein Geschirrtuch und bestreichen Sie es mit 1 TL Rapsöl. Füllen Sie nun die Masse in die Mitte und schlagen Sie den Strudelteig zu einem festen Päckchen ein. Legen Sie das Päckchen auf das befettete oder mit Backpapier ausgelegte Backblech, sodass die Naht unten liegt. Bestreichen Sie das Lauchstrudel-Päckchen mit dem 2. TL Rapsöl und backen Sie es bei 180 °C im nicht vorgeheizten Rohr (Backofen) ca. 25 Minuten lang.

Servieren Sie den Apfelsaft stark verdünnt mit Wasser als Vitamin-C-reiches Getränk zu dieser Mahlzeit.

Familientisch

Für größere Kinder und Erwachsene können Sie mit verschiedenen Kräutern der Saison und Salz würzen und das Lauchstrudel-Päckchen mit einer Joghurtsauce aus dem Buch „*Pfiffige Rezepte für kleine und große Leute*" (siehe ☞ weiterführende Literatur) servieren.

Variation

Anstelle des Lauches (Porrees) können Sie auch Karotten oder geraspelte Zucchini (Zucchetti) verwenden, falls Ihr Kind diese schon kennengelernt hat.

Natürlich können Sie die Füllung auch ohne Strudel als „Reispfanne" servieren. Nehmen Sie dann 4 EL gekochten (Vollkorn)reis.

NOTIZEN

Kartoffeleintopf mit Kalbfleisch und Zucchini

Menge für 1 Portion
ab 11. Monat, 137. Tag

2 TL	**Rapsöl**
30 g	**BIO-Kalbsschulter,** faschiert (gehackt)
60 g	**BIO-Kartoffeln** (1 kleine Kartoffel)
100 ml	**Wasser** (babytauglich)
1 TL	**Petersilie,** gehackt
1/2	**Lorbeerblatt**
100 g	**BIO-Zucchini** (Zucchetti)
3 TL	**Apfelsaft**
	evtl. etwas **Salz** (nach dem 1. Lebensjahr)
1 TL	**Petersilie,** gehackt, zum Bestreuen

Erhitzen Sie das Rapsöl, geben Sie das Faschierte (Hackfleisch) dazu und lassen Sie es grau werden (nicht rösten!).

Waschen und schälen Sie die Kartoffel und schneiden Sie sie in kleine Würfel. Kochen Sie die Kartoffelwürfel mit dem Kalbfleisch, dem Wasser, der Petersilie und dem Lorbeerblatt ca. 15 Minuten. Entfernen Sie dabei eventuell auftretenden Schaum immer wieder mit einem Löffel.

In der Zwischenzeit putzen Sie die Zucchini (Zucchetti) und raspeln Sie sie grob. Geben Sie sie dann zum Eintopf dazu und garen Sie alles nochmals ca. 5 Minuten.

Fügen Sie nun den Apfelsaft und (für Kinder nach dem 1. Lebensjahr) eventuell etwas Salz hinzu. Bestreuen Sie das fertige Kartoffelgericht mit etwas gehackter Petersilie.

Variation

Statt der Zucchini (Zucchetti) können Sie natürlich auch grob geraspelten Kürbis verwenden, falls Ihr Baby diesen schon bekommen hat.

Als Einlage können Sie statt der Kartoffel auch Rollgerste, Reis, Nudeln oder Polentaschnitten aus dem Buch *„Pfiffige Rezepte für kleine und große Leute"* (☞ weiterführende Literatur) verwenden.

NOTIZEN

Rollgerstentopf mit Rindfleisch und Lauch

Menge für 1 Portion
ab 11. Monat, 141. Tag

30 g	**BIO-Rindslungenbraten** (Rinderfilet)
100 ml	**Wasser** (babytauglich)
1 TL	**Petersilie**, gehackt
1/2	**Lorbeerblatt**
2 EL	**Rollgerste**
50 g	**BIO-Karotten** (1 kleine Karotte)
50 g	**BIO-Lauch (Porree),** geputzt
2 TL	**Rapsöl**
3 TL	**Apfelsaft**
	evtl. etwas **Salz** (nach dem 1. Lebensjahr)

Kochen Sie das in kleine Stücke geschnittene Rindfleisch mit dem Wasser, der Petersilie, dem Lorbeerblatt und den 2 gestrichenen EL Gerste ca. 20 Minuten lang. Entfernen Sie eventuell auftretenden Schaum immer wieder mit dem Löffel.

In der Zwischenzeit waschen und putzen Sie die Karotte und raspeln Sie sie grob. Schneiden Sie den Lauch (Porree) in feine Ringe. Geben Sie dann beides zur Suppe und garen Sie alles nochmals für ca. 10 Minuten. Fügen Sie das Rapsöl, den Apfelsaft und für Kinder nach dem 1. Lebensjahr etwas Salz zu.

Variation

Sie können diesen Eintopf auch mit Rundkornreis zubereiten.

NOTIZEN

Ritschertvariante

Menge für 1 Portion
ab 11. Monat, 141. Tag

2 EL	**Rollgerste**
100 ml	**Wasser** (babytauglich)
1 TL	**Petersilie,** gehackt
1/2	**Lorbeerblatt**
50 g	**BIO-Karotten** (1 kleine Karotte)
50 g	**BIO-Sellerie**
2 TL	**Rapsöl**
3 TL	**Apfelsaft**
30 g	**Schinken** (Kochschinken)
	evtl. etwas **Salz** (nach dem 1. Lebensjahr)

Kochen Sie die Gerste im Wasser mit der Petersilie und dem Lorbeerblatt ca. 20 Minuten lang. Entfernen Sie dabei eventuell auftretenden Schaum immer wieder mit dem Löffel.

In der Zwischenzeit waschen und schälen Sie die Karotte und die Sellerie und raspeln Sie beides grob. Geben Sie dann das Gemüse zur Suppe und garen Sie alles nochmals ca. 10 Minuten.

Info:
Ritschert ist ein traditionelles Gericht aus Kärnten und der Steiermark. Es wird normalerweise mit Geselchtem (Kasseler) zubereitet.

Fügen Sie das Rapsöl, den Apfelsaft, den klein geschnittenen Schinken und für Kinder nach dem 1. Lebensjahr etwas Salz zu.

Familientisch

Geselchtes lässt sich für Erwachsene und ältere Kinder statt des Schinkens verwenden.
Eventuell können Sie auch gekochte Erbsen (oder Bohnen), Lauch (Porree), Knoblauch oder Zwiebel hinzufügen und mit Essig, Thymian, Salz und Pfeffer würzen.

NOTIZEN

Nudeleintopf mit Pute und Erbsen

Menge für 1 Portion
ab 11. Monat, 149. Tag

30 g	BIO-Putenbrustfleisch
100 ml	**Wasser** (babytauglich)
1 TL	**Petersilie**, gehackt
1/2	**Lorbeerblatt**
100 g	**Erbsen**, TK
2 EL	**(Vollkorn)suppennudeln**
2 TL	**Rapsöl**
3 TL	**Apfelsaft**
	evtl. etwas **Salz** (nach dem 1. Lebensjahr)

Kochen Sie das in kleine Stücke geschnittene Putenfleisch mit dem Wasser, der Petersilie und dem Lorbeerblatt ca. 30 Minuten.
Entfernen Sie dabei eventuell auftretenden Schaum immer wieder mit einem Löffel.

Fügen Sie dann die Erbsen zu und lassen Sie alles ca. 10 Minuten köcheln. Geben Sie anschließend die Suppennudeln hinein und lassen Sie alles zusammen nochmals ca. 5 Minuten köcheln.

Geben Sie zum Schluss das Rapsöl und den Apfelsaft in die Suppe und fügen Sie (für Kinder nach dem 1. Lebensjahr) eventuell etwas Salz hinzu.
Entfernen Sie das Lorbeerblatt vor dem Servieren.

NOTIZEN

Kürbisgemüse aus dem Wok

Menge für 1 Portion
ab 12. Monat, 157. Tag

2 EL	**(Vollkorn)reis**
6 EL	**Wasser** (babytauglich)
30 g	**BIO-Putenbrustfleisch**
100 g	**BIO-Kürbisfleisch**
	(Butternuss, Hokkaido)
2 TL	**Rapsöl**
2 EL	**Wasser** (babytauglich)
3 TL	**Apfelsaft**
	evtl. etwas **Salz**
	(nach dem 1. Lebensjahr)

Dünsten Sie den Reis mit dem Wasser gar. Dazu lassen Sie den Reis einmal aufkochen, rühren ihn um und lassen ihn danach auf kleiner Stufe mit geschlossenem Deckel dünsten.

Schneiden Sie in der Zwischenzeit das Putenfleisch in feine Streifen und raspeln Sie den Kürbis.

Erhitzen Sie das Rapsöl ein wenig in einer Pfanne oder einem Wok und geben Sie das Fleisch und den Kürbis sowie das Wasser dazu.

Unter stetigem Rühren (auch Pfannenrühren genannt) garen Sie die Fleisch-Gemüse-Mischung (nicht rösten!).

Danach heben Sie den Reis und den Apfelsaft unter.

Familientisch
Für Kinder im 2. Lebensjahr können Sie sparsam salzen. Für größere Kinder und Erwachsene können Sie vor dem Servieren das Wokgemüse noch mit ein wenig Sojasauce, etwas frischem, geschältem und fein geriebenem Ingwer, gehackten Korianderblättern und eventuell mit einer klein geschnittenen Frühlingszwiebel verfeinern.

NOTIZEN

Rosmarinhuhn mit Reis und Brokkoli

Menge für 1 Portion
ab 12. Monat, 161. Tag

1	**BIO-Hendlhaxerl** (Hähnchenkeule), klein
	etwas **Rapsöl** zum Einreiben
	etwas **Rosmarin**, frisch
	evtl. etwas **Salz** (nach dem 1. Lebensjahr)
2 EL	**(Vollkorn)reis**
100 g	**BIO-Brokkoliröschen**
6 EL	**Wasser** (babytauglich)
2 TL	**Rapsöl**
3 TL	**Apfelsaft**
	Fett für ein Backblech oder eine Auflaufform

Reiben Sie das Hendlhaxerl (die Hähnchenkeule) mit etwas Rapsöl und Rosmarin ein, salzen Sie es für Kinder nach dem 1. Lebensjahr sparsam.
Legen Sie die Keule auf ein befettetes Backblech oder in eine befettete Auflaufform.
Garen Sie das Hendlhaxerl bei 200 °C (je nach Dicke) im nicht vorgeheizten Rohr (Backofen) ca. 40 Minuten.
Schneiden Sie es vor dem Servieren auf jeden Fall an und vergewissern Sie sich, dass es innen komplett durch ist.

Dünsten Sie in der Zwischenzeit den Reis und die Brokkoliröschen gemeinsam im Wasser gar. Legen Sie dazu den Brokkoli nach dem Aufkochen des Reises einfach oben auf und lassen Sie beides zusammen auf kleiner Stufe zugedeckt dünsten. Mischen Sie das Rapsöl und den Apfelsaft unter den Reis und die Brokkoliröschen.

Vor dem Servieren ziehen Sie die Haut des Hendlhaxerls ab. Schneiden Sie das Fleisch in mundgerechte Stücke und servieren Sie es gemeinsam mit dem Brokkoli und dem Reis auf einem Teller.

NOTIZEN

Gefüllte Zucchini mit Kartoffelpüree

Menge für 1 Portion
ab 12. Monat, 165. Tag

100 g	**BIO-Zucchini** (Zucchetti)
60 g	**BIO-Kartoffeln** (1 kleine Kartoffel)
2 TL	**Rapsöl**
3 TL	**Apfelsaft** evtl. etwas **Salz** (nach dem 1. Lebensjahr)
30 g	**Schinken** (Kochschinken)

Auflaufform

Waschen Sie die Zucchini (Zucchetti), schneiden Sie sie der Länge nach durch und höhlen Sie sie mit einem Löffel aus.
Garen Sie die gewaschene Kartoffel, schälen Sie sie und drücken Sie sie durch eine Kartoffelpresse. Vermengen Sie die Kartoffelmasse anschließend mit dem Rapsöl, dem Apfelsaft und (für Kinder nach dem 1. Lebensjahr) mit etwas Salz. Schneiden Sie den Schinken (Kochschinken) in sehr kleine Würfel und mengen Sie ihn unter das Püree.

Füllen Sie alles entweder mit einem Esslöffel oder mit einem Dressiersack (einer Spritztüte) in die Zucchini.

Geben Sie etwas Wasser in eine Auflaufform, legen Sie die gefüllten Zucchini hinein und backen Sie sie bei 180 °C im nicht vorgeheizten Rohr (Backofen) ca. 30 Minuten lang.

Familientisch

Für größere Kinder und Erwachsene können Sie auch noch etwas geriebenen Käse unter das Kartoffelpüree mischen.

Eine raschere Methode ist es, die halbierte und ausgehöhlte Zucchini in einem Topf zugedeckt mit ein wenig Wasser bissfest zu dünsten, während Sie das Kartoffelpüree zubereiten.
Erst dann wird das Kartoffelpüree eingefüllt. So können Sie das Ganze sofort servieren.

NOTIZEN

Lachs mit Kartoffel und Fenchelgemüse

Menge für 1 Portion
ab 12. Monat, 169. Tag

100 g	**BIO-Fenchel**
50 g	**Lachsfilet**
1 TL	**Petersilie,** fein gehackt
60 g	**BIO-Kartoffeln**
	(1 kleine Kartoffel)
2 TL	**Rapsöl**
	evtl. etwas **Salz**
	(nach dem 1. Lebensjahr)
3 TL	**Apfelsaft**
	Wasser (babytauglich)

Putzen Sie den Fenchel und schneiden ihn in kleine, sehr feine Streifen. Waschen Sie das Lachsfilet, tupfen Sie es mit einer Küchenrolle trocken und ziehen Sie eventuell noch vorhandene Gräten mit Hilfe einer Pinzette heraus.

Geben Sie das Lachsfilet in einen Topf, bedecken Sie den Boden mit Wasser und bestreuen Sie den Fisch mit der Petersilie. Lassen Sie das Wasser kurz aufkochen. Geben Sie den geschnittenen Fenchel dazu und dann einen Deckel auf den Topf. Lassen Sie beides 15 Minuten bei geringer Hitzezufuhr dünsten. Die Garzeit ist abhängig von der Dicke des Fischstückes. Stellen Sie sicher, dass es durchgegart ist, bevor Ihr Baby es isst.

Waschen Sie die Kartoffel gut und garen Sie diese mit der Schale. Schälen Sie sie und drücken Sie die Kartoffel durch eine Kartoffelpresse und mengen Sie das Rapsöl unter.

Servieren Sie alles gemeinsam mit dem Apfelsaft-Wasser-Getränk.

Variation
Alternativ bietet sich ein Alpenlachs aus Aquakultur an. Dabei handelt es sich um einen Saibling, der aufgrund seiner Züchtung einen hohen Gehalt an Omega-3-Fettsäuren enthält.

Info:
Achten Sie beim Kauf des Lachses auf das MSC Zeichen (Marine Stuart Ship Council). Es steht für nachhaltigen Fischfang.

NOTIZEN

BABYDESSERTS FÜR ZWISCHENDURCH
Reismilch-Reis mit Apfel

Menge für 1 Portion
ab 10. Monat, 93. Tag

125 g	BIO-Äpfel
	(1 mittelgroßer Apfel)
2 EL	(Vollkorn)rundreis
1/8 l	Reismilch

Waschen Sie den Apfel, schälen Sie ihn, sofern die Schale für Ihr Kind zu hart ist, und entfernen Sie das Kerngehäuse. Schneiden Sie den Apfel in dünne Spalten.

Geben Sie den Rundkornreis mit der Reismilch in einen Topf und fügen Sie die Apfelspalten zu.

Den Reis kurz aufkochen lassen und langsam bei reduzierter Temperatur ca. 30 Minuten quellen lassen. Falls der Reis zu fest ist, geben Sie noch etwas Reismilch dazu.

Info:
Reismilch enthält manchmal kleine Mengen Zucker. Wer Zucker im 1. Lebensjahr gänzlich vermeiden will, kann den Reismilchreis für Kinder ab 1 Jahr auch mit Vollmilch zubereiten.

Variation
Statt des Apfels können Sie auch Marillen (Aprikosen), Pfirsiche oder feste Birnen nehmen, falls Ihr Baby diese schon kennengelernt hat.

NOTIZEN

Grießpudding mit Heidelbeeren

Menge für 1 Portion
ab 10. Monat, 101. Tag

1/16 l	**Wasser** (babytauglich)
2 EL	**Dinkel(vollkorn)grieß**
100 g	**Heidelbeermus** (Blaubeermus)
	Puddingform oder Ähnliches

Kochen Sie das Wasser auf und lassen Sie den Grieß langsam einrieseln. Rühren Sie so lange bei reduzierter Temperatur, bis der Grieß gargekocht ist. Nehmen Sie die Grießmasse vom Herd und lassen Sie sie etwas überkühlen.
Spülen Sie eine Puddingform, eine kleine Tasse oder einen Becher mit kaltem Wasser aus, füllen Sie dann den Grießbrei ein, drücken Sie ihn fest und stürzen Sie ihn, sobald er fest ist, auf einen Teller.
Garnieren Sie den Grießpudding vor dem Servieren rundherum mit selbstgemachtem Heidelbeermus (Blaubeermus) oder mit Heidelbeeren aus dem Gläschen (1/2 Glas).

Variation

Statt der Heidelbeeren können Sie jedes Obst aus dem Glas nehmen, das Ihr Baby schon bekommen hat. Der Grießpudding lässt sich auch mit Reismilch statt mit Wasser zubereiten.

Info:
Sie können den Grießpudding auch mit einer Geburtstagskerze schmücken. Er stellt eine zuckerfreie Alternative zum herkömmlichen Geburtstagskuchen dar.

NOTIZEN

Couscous mit Birnen

Menge für 1 Portion
ab 10. Monat, 105. Tag

- **125 g**   **BIO-Birnen** (1 kleine Birne)
- **7 EL**   **Wasser** (babytauglich)
- **6 EL**   **Couscous**

Waschen, schälen und entkernen Sie die Birne. Schneiden Sie die Birne in dünne Spalten und dünsten Sie sie mit dem Wasser weich.

Fügen Sie dann den Couscous zu und lassen Sie alles zusammen 5 Minuten ohne Hitzezufuhr quellen.

Variation
Statt der Birne können Sie auch Bananenstücke nehmen. Kochen Sie dazu das Wasser auf und lassen Sie den Couscous darin quellen. Fügen Sie dann die rohen Bananenstücke dazu.

NOTIZEN

Traubenkompott

Menge für 1 Portion
ab 10. Monat, 109. Tag

100 g	**BIO-Trauben,** entkernt oder kernlos
4 EL	**Wasser** (babytauglich)
1 EL	**(Instant)getreideflocken**

Waschen und halbieren Sie die Trauben und lassen Sie sie im Wasser aufkochen. Rühren Sie die Getreideflocken (z. B. Haferschleim oder Dinkelflocken für Babys) unter.

Variation
Sie können das Kompott selbstverständlich auch mit anderen Fruchtsorten zubereiten. Ab dem 10. Monat eignen sich dazu Apfel, Birne, Pfirsich oder Marille (Aprikose).

NOTIZEN

FÜR ZWISCHENDURCH

Hirsepudding mit Himbeeren

Menge für 1 Portion
ab 11. Monat, 125. Tag

2 EL	**Hirse**
1/16 l	**Wasser** (babytauglich)
100 g	**Himbeeren**
	Puddingform oder Ähnliches

Waschen Sie die Hirse 6- bis 7-mal heiß. Kochen Sie das Wasser auf und rühren Sie die Hirse ein. Garen Sie diese auf kleiner Flamme ca. 20 Minuten lang. Lassen Sie die Hirse überkühlen.

Spülen Sie eine Puddingform, eine kleine Tasse, einen Becher oder eine kleine Ringform mit kaltem Wasser aus. Füllen Sie den Hirsebrei ein und drücken Sie ihn fest. Stürzen Sie ihn, sobald er fest ist, auf einen Teller.

Waschen und pürieren Sie die Himbeeren und garnieren Sie damit den Hirsepudding.

Variation
Sie können anstelle der Himbeeren auch Heidelbeeren (Blaubeeren) oder im Winter Früchte aus dem Babygläschen verwenden.

NOTIZEN

Vollkornweckerl mit Apfelspalten

Menge für 1 Portion
ab 11. Monat, 133. Tag

1/2	**BIO-Apfel**
1/2	**(Vollkorn)weckerl** (-brötchen), milchfrei (ca. 25 g)
1 TL	**Butter** oder Margarine, milchfrei

Waschen Sie den Apfel, halbieren Sie ihn und entfernen Sie das Kerngehäuse. Schälen Sie ihn, sofern Ihr Kind die Schale noch nicht beißen kann. Schneiden Sie den Apfel in dünne Spalten. Bestreichen Sie das halbe Vollkornweckerl (-brötchen) mit der ☞ Butter oder ☞ Margarine und geben Sie den Apfel zum Knabbern dazu.

Variation
Statt des Vollkornweckerls (-brötchens) können Sie auch 1 Zwieback (milch- und eifrei), 1 Scheibe (Vollkorn)knäckebrot (milch- und eifrei) oder 1 Reiscracker verwenden. Als Obst können Sie auch 1/2 Birne oder Banane servieren.

Info:
Ein Rezept zum Selberbacken von Vollkornweckerln finden Sie im Kapitel „Kuchen, Kekse und Brote" auf Seite 142.

So einfach!
Manchmal sind es gerade die ganz einfachen Dinge, die unsere Kinder lieben.
Bei der Umstellung auf Familienkost kommen die Vorlieben der Kinder stärker heraus. Essen die einen lieber weiterhin breiige Kost, bevorzugen die anderen Brot – am besten selbstgebacken.
Auch später – im Kindergarten- oder Volksschulalter – sind manche erfahrungsgemäß eher Liebhaber von Grießbrei und Milchreis, andere bevorzugen bissfeste Kost.
Vollkornweckerln mit Obst lassen sich auch leicht für unterwegs einpacken und gut mit anderen teilen.

NOTIZEN

KUCHEN, KEKSE & BROTE

Apfelstrudel

*Menge für 1 ganzen Strudel
ab 10. Monat, 117. Tag*

2	Blätter Strudelteig
2 TL	Rapsöl
1 EL	(Vollkorn)semmelbrösel (Paniermehl), milchfrei
450 g	BIO-Äpfel (3 große Äpfel)
	Geschirrtuch
	Backpapier oder Fett für ein Backblech

Legen Sie ein Strudelblatt auf das Geschirrtuch und streichen Sie es mit 1 TL Rapsöl ein. Legen Sie das 2. Strudelblatt darüber und streuen Sie die Semmelbrösel (das Paniermehl) darauf. Rechts und links auf dem Strudelblatt ca. 4 cm Platz lassen, oben ca. 2 cm und unten 1/3 der Strudelteigfläche frei lassen.

Waschen, schälen (sofern Ihr Kind die Schale noch nicht beißen kann) und entkernen Sie die Äpfel. Schneiden Sie sie in dünne Spalten und verteilen Sie diese auf dem bereits bestreuten Strudelteig.

Schlagen Sie das Strudelblatt von beiden Seiten und von oben ein. Rollen Sie den Strudel mit Hilfe des Tuches nach unten und drücken Sie die Teigenden zusammen.

Legen Sie den Strudel auf das befettete oder mit Backpapier ausgelegte Backblech, sodass die Naht unten liegt und bestreichen Sie ihn mit dem 2. TL Rapsöl. Backen Sie ihn nun bei 180 °C im nicht vorgeheizten Rohr (Backofen) etwa 35 Minuten lang.

Variation

Statt der Äpfel können Sie auch Birnen bzw. Heidelbeeren (Blaubeeren) oder Marillen (Aprikosen) nehmen, falls Ihr Baby diese schon kennengelernt hat.

NOTIZEN

Vollkornweckerln oder -brote

*Menge für 2 kleine Brote oder
10 – 12 Weckerln (Brötchen)
ab 10. Monat, 93. Tag*

500 g	**Weizen(vollkorn)mehl**
1	**Packung Germ** (Hefe, 42 g) oder 1 Packung Trockengerm (-hefe, 7 g)
5 EL	**Rapsöl**
	etwas **Salz**
2 TL	**Zucker** oder Apfeldicksaft
1/4 l	**Wasser** (babytauglich), lauwarm
	(Vollkorn)mehl für die Arbeitsfläche
	Backpapier oder Fett für ein Backblech

Geben Sie alle Teigzutaten in eine Schüssel. Verkneten Sie den Teig mit den Knethaken der Küchenmaschine oder des Mixers so lange, bis sich der Teig gut vom Schüsselrand löst und Blasen wirft. Lassen Sie den Teig zugedeckt an einem warmen Ort ca. 30 Minuten lang ruhen.

Kneten Sie den (tiefkühlbaren, auch für Pizza verwendbaren) Teig nochmals gut durch. Teilen Sie ihn in 2 gleiche Teile für die Brotlaibe oder in 10 bis 12 Weckerln (Brötchen), die Sie nochmals kneten und formen und mit dem Messer kreuzweise einschneiden können. Legen Sie die Brote auf ein mit Backpapier ausgelegtes oder befettetes und bemehltes Backblech. Bestreichen Sie sie gut mit Wasser. Stellen Sie ein hitzestabiles Gefäß mit Wasser in das Backrohr (in den Backofen), damit die Brote saftig werden, und backen Sie sie bei 180 °C. Weckerln (Brötchen) benötigen ca. 20 Minuten im Rohr (Backofen), Brote ca. 40 Minuten.

Variation

Statt des Weizenmehls können Sie Dinkel- oder Roggenmehl verwenden. Sie können auch – wie im vorherigen Rezept beschrieben – einen Teil des Teiges für einen Obstkuchen verwenden oder daraus dünne Brotstangen zum Knabbern für Ihr Kind machen.

*Info:
Die Zugabe von Zucker oder Dicksaft ist für das Gelingen jeden Germteiges (Hefeteiges) notwendig. Sie dienen der Germ (Hefe) als rasch verfügbare Nahrung, die jene für ihre Vermehrung benötigen.
Germ bewirkt das Aufgehen des Teiges und darf Bestandteil der Nahrung sein, sobald Ihr Kind Brot verzehrt.*

NOTIZEN

Schichtzwieback mit Birnen

Menge für 1 Auflaufform
ab 10. Monat, 97. Tag

150 g	BIO-Birnen (1 mittelgroße Birne)
2 EL	Wasser
400 g	Birnenmus (selbst gemacht oder aus dem Gläschen)
8 Stk	Zwieback (milch- und eifrei)
	Auflaufform
	Frischhaltefolie

Waschen, schälen und entkernen Sie die Birne. Schneiden Sie die Birne nun in dünne Spalten und dünsten Sie sie mit dem Wasser bissfest.
Streichen Sie die Auflaufform mit 100 g Birnenmus ein. Legen Sie 4 Stück Zwieback darauf. Geben Sie dann 200 g Birnenmus auf den Zwieback und danach wieder 4 Scheiben Zwieback darauf. Verteilen Sie die restlichen 100 g Mus auf dem Zwieback und legen Sie abschließend die gedünsteten Birnenspalten fächerförmig auf die Masse. Decken Sie alles gut mit Frischhaltefolie ab und stellen Sie es über Nacht in den Kühlschrank.

Familientisch

Für größere Kinder und Erwachsene können Sie den Schichtzwieback mit etwas Schlagobers (Schlagsahne) oder Joghurt (natur) verzieren.

Variation

Dieses Gericht schmeckt auch gut mit Banane aus dem Glas und mit in Scheiben geschnittener Banane. Geben Sie die frischen Bananenstücke erst kurz vor dem Servieren auf den Zwieback, da die frische Banane durch den Luftsauerstoff sonst schnell braun wird. Sie können auch ein wenig Banane aus dem Glas darüberstreichen.

Info:
Eine Variante für Kinder, die schon Vollkornbiskotten (Vollkorn-Löffelbiskuit) erhalten, bietet „Inges Apfeltiramisu" aus unserem Buch „Coole Rezepte für zwischendurch" (☞ weiterführende Literatur).

NOTIZEN

Marillenaugen

Menge für ca. 1 Backblech
ab 12. Monat, 157. Tag

für den Teig:
- 150 g **Weizen(vollkorn)mehl**
- 100 g **Butter** oder Margarine, milchfrei, weich
- 50 g **Apfeldicksaft** oder Zucker
- 4 EL **Wasser** (eventuell)

für die Fülle:
- 500 g **BIO-Marillen** (Aprikosen), (10 mittelgroße Marillen)
- 1/16 l **Wasser**
- 1 EL **Reisschleim**

Frischhaltefolie
Ausstechform für Linzer Augen (6 cm Durchmesser) oder runde Ausstechform und Apfelentkerner
(Vollkorn)mehl für die Arbeitsfläche
Backpapier oder Fett und (Vollkorn)mehl für ein Backblech

Geben Sie alle Zutaten für den Teig in eine Schüssel und verkneten Sie ihn mit den Knethaken der Küchenmaschine oder des Mixers. Sollte der Teig nicht geschmeidig werden, geben Sie nach und nach 1 EL Wasser dazu. Wickeln Sie den Teig in Frischhaltefolie und lassen Sie ihn im Kühlschrank ca. 10 Minuten ruhen.

Rollen Sie den Teig anschließend aus und bemehlen Sie ihn gut von beiden Seiten! Nehmen Sie eine runde Ausstechform und stechen Sie eine gerade Anzahl Kekse aus. Mit einem Apfelentkerner oder einem schmalen Schnapsglas können Sie die „Augen" in die Hälfte der Kekse stechen.

Legen Sie die Kekse auf ein mit Backpapier ausgelegtes oder befettetes und bemehltes Backblech und backen Sie die Kekse bei 200 °C im nicht vorgeheizten Rohr (Backofen) ca. 15 Minuten lang.

Waschen, halbieren und entkernen Sie die Marillen (Aprikosen) und schneiden Sie sie in kleine Stücke. Dünsten Sie die Marillenstücke weich, pürieren Sie sie mittels Stabmixer oder Mixaufsatz und fügen Sie den Reisschleim zum Andicken dazu.

Bestreichen Sie jeweils die Kekse ohne „Augen" dünn mit der Marillen-Fruchtzubereitung und setzen Sie dann ein „Augenkeks" darauf.

Variation

Sie können als Fülle für Kinder, die schon Zitrusfrüchte essen, auch unseren „Marillenaufstrich" aus getrockneten Marillen (Aprikosen) aus dem Rezeptbuch *„Coole Rezepte für zwischendurch"* (☞ weiterführende Literatur) verwenden.

NOTIZEN

Kuchen mit Äpfeln

*Menge für 1 Tortenform (Springform),
24 cm Durchmesser
ab 12. Monat, 169. Tag*

für den Teig
(entspricht der doppelten Menge):
- 500 g **Weizen(vollkorn)mehl**
- 1 **Packung Germ** (Hefe, 42 g) oder 1 Packung Trockengerm (-hefe, 7 g)
- 5 EL **Rapsöl**
- etwas **Salz**
- 2 TL **Apfeldicksaft** oder Zucker
- 1/4 l **Wasser** (babytauglich), lauwarm

für die Fülle:
- 2 EL **Apfelmus** (selbst gekocht oder aus dem Gläschen)
- 400 g **BIO-Äpfel** (3 mittelgroße Äpfel)

(Vollkorn)mehl für die Arbeitsfläche
Backpapier oder Fett und (Vollkorn)mehl für eine Tortenform (Springform)

Geben Sie alle Teigzutaten in eine Schüssel und verkneten Sie den Teig mit den Knethaken der Küchenmaschine oder des Mixers so lange, bis sich der Teig gut vom Schüsselrand löst und Blasen wirft. Lassen Sie den Teig zugedeckt an einem warmen Ort ca. 30 Minuten ruhen.

Kneten Sie anschließend den Teig nochmals gut durch und teilen Sie ihn in 2 gleiche Stücke.

Rollen Sie ein Stück davon so groß aus, dass es mit einem überlappenden Rand in die mit Backpapier ausgelegte oder befettete und bemehlte Tortenform (Springform) passt und drücken Sie es vorsichtig an. Den Teig, der über die Form hängt, schneiden Sie ab.

> **Info:**
> *Die 2. Hälfte des Teiges und den Rest vom Rand können Sie entweder tieffrieren – oder wie bereits auf Seite 142 beschrieben – zu Broten oder Weckerln (Brötchen) verarbeiten.*

Bestreichen Sie den Teig mit dem Apfelmus.
Waschen und schälen Sie die Äpfel, sofern Ihr Kind die Schale noch nicht beißen kann, und entfernen Sie das Kerngehäuse. Schneiden Sie die Äpfel in dünne Spalten und verteilen Sie diese fächerförmig auf dem Apfelmus.

Legen Sie nun den Rand locker nach innen über die Äpfel, sodass die Mitte frei bleibt. Der Apfelkuchen wird bei 180 °C im nicht vorgeheizten Rohr (Backofen) ca. 30 Minuten gebacken.

NOTIZEN

Familientisch
Für größere Kinder und Erwachsene können Sie den Kuchen vor dem Servieren mit Staubzucker (Puderzucker) bestreuen.
Reichen Sie dazu eventuell Schlagobers (Schlagsahne) oder eine leichte Vanillesauce.

Variation
Statt der Äpfel können Sie jedes Obst verwenden, das Ihr Baby schon kennengelernt hat, z. B. Birnen oder Marillen (Aprikosen).

Geburtstagskuchen mit Beerencreme

*Menge für 1 Tortenform (Springform),
24 cm Durchmesser
ab 12. Monat, 177. Tag*

für den Teig:
- 150 g **Weizen(vollkorn)mehl**
- 100 g **Butter oder Margarine,** milchfrei, weich
- 50 g **Apfeldicksaft** oder Zucker
- 4 EL **Wasser** (eventuell)

für die Creme:
- 500 g **Beerenmus** (passiert)
- 3/16 l **Wasser** (babytauglich)
- 3 EL **Speisestärke** (Kartoffel- oder Maisstärke)
- 4 EL **Wasser** (für die Speisestärke)

1 **Schraubdeckelglas,** klein
Frischhaltefolie
(Vollkorn)mehl für die Arbeitsfläche
Backpapier oder Fett und (Vollkorn)mehl für 1 Tortenform (Springform)
getrocknete Linsen oder Erbsen zum Blindbacken

> *Aus diesem Teig können Sie wunderbar Kekse für Ihr Baby backen. Dies wird im Rezept auf Seite 146 beschrieben.*

Geben Sie Mehl, Butter und Zucker in eine Schüssel und verkneten Sie diesen mit den Knethaken der Küchenmaschine oder des Mixers. Sollte der Teig nicht geschmeidig werden, geben Sie nach und nach bis zu 4 EL Wasser dazu. Wickeln Sie den Teig in Frischhaltefolie und lassen Sie ihn im Kühlschrank ca. 10 Minuten ruhen.

Rollen Sie den Teig anschließend aus und bemehlen Sie ihn gut von beiden Seiten! Stechen Sie mit dem Rand der Tortenform (Springform) die Kuchenbodenplatte aus. Legen Sie mit diesem Teigstück den Boden der befetteten und bemehlten oder mit Backpapier ausgelegten Tortenform (Springform) aus.

Aus dem restlichen Teig formen Sie einen 5 cm hohen Rand und drücken diesen am Boden leicht fest. Stechen Sie nun mit einer Gabel ein paar Mal vorsichtig in den Boden und streuen Sie die getrockneten Linsen oder Erbsen in die Form.

Backen Sie den Boden bei 200 °C im nicht vorgeheizten Rohr (Backofen) ca. 30 Minuten lang.

In der Zwischenzeit waschen Sie die Beeren. Dünsten Sie diese im Wasser und passieren Sie sie.
Rühren Sie in dieser Zeit die Speisestärke mit den 4 EL Wasser glatt (oder schütteln Sie beides in einem gut verschlossenen Schraubdeckelglas bis keine Klumpen mehr vorhanden sind). Gießen Sie sie unter Rühren in die kochende Beerencreme.

Nach dem Backen schütten Sie die getrockneten Hülsenfrüchte aus der Form und lassen Sie den Boden etwas auskühlen. Füllen Sie dann die Beerencreme ein und stellen Sie die Torte nach dem Erkalten noch etwas in den Kühlschrank. Dadurch wird die Creme fester und lässt sich besser schneiden.

Familientisch
Für größere Kinder und Erwachsene können Sie den Kuchen vor dem Servieren mit Staubzucker (Puderzucker) bestreuen und Schlagobers (Schlagsahne) oder eine leichte Vanillesauce dazureichen.

Variation
Statt der Brombeeren oder Heidelbeeren können Sie auch Himbeeren oder eine Creme aus geschälten, geviertelten, gekochten und pürierten Birnen verwenden.

REZEPTREGISTER

89	Abendtee
140	Apfelstrudel
66	Babykarotten-Brei
90	Brokkoli mit Bröseln
132	Couscous mit Birnen
98	Couscous mit Karotten und Putenschinken
106	Falscher Tafelspitz
81	Frischobst-Brei
148	Geburtstagskuchen mit Äpfeln
150	Geburtstagskuchen mit Beerencreme
124	Gefüllte Zucchini mit Kartoffelpüree
73	Gemüse-Kartoffel-Fleisch-Brei I
77	Gemüse-Kartoffel-Fleisch-Brei II
83	Gemüse-Kartoffel-Fleisch-Brei III
76	Getreide-„Milch"-Brei
72	Getreide-Obst-Brei
130	Grießpudding mit Heidelbeeren
108	Hirsetopf mit Fenchel
136	Hirsepudding mit Himbeeren
67	Karotten-Kartoffel-Brei
68	Karotten-Kartoffel-Fleisch-Brei I
71	Karotten-Kartoffel-Fleisch-Brei II
66	Karottenpüree
102	Kartoffel mit Karfiol-Schinkensauce
112	Kartoffeleintopf mit Kalbfleisch und Zucchini
120	Kürbisgemüse aus dem Wok
92	Kürbisrisotto
126	Lachs mit Kartoffel und Fenchelgemüse
104	Lamm-Ragout mit Fenchelgemüse
110	Lauchstrudel-Päckchen
146	Marillenaugen
89	Morgentee
118	Nudeleintopf mit Pute und Erbsen
71	Obstbrei
94	Polpetti mit Kartoffelpüree und gedünsteten Karotten
128	Reismilch-Reis mit Apfel
68	Rezept auf Vorrat: Fleischzubereitung

67	Rezept auf Vorrat: Gemüsebrei
116	Ritschertvariante
114	Rollgerstentopf mit Rindfleisch und Lauch
122	Rosmarinhuhn mit Reis und Brokkoli
144	Schichtzwieback mit Birnen
100	Schinkenfleckerln mit Erbsen
96	Spaghetti mit Tomatensauce
85	Standardfrühstück
89	Standardrezept Abend
88	Standardrezept Mittag
89	Tagestee
134	Traubenkompott
89	Vegetarischer Gemüse-Hafer-Brei
69	Vegetarischer Karotten-Hirse-Brei
138	Vollkornweckerl mit Apfelspalten
142	Vollkornweckerln oder -brote
82	Zwieback-Obst-Brei
85	Zwischenmahlzeit Variation 1
86	Zwischenmahlzeit Variation 2
86	Zwischenmahlzeit Variation 3
86	Zwischenmahlzeit Variation 4
86	Zwischenmahlzeit Variation 5

ABKÜRZUNGEN

1er	Säuglingsflaschennahrung 1, siehe PRE
2er	Säuglingsflaschennahrung 2, Folgenahrung
EL	Esslöffel (1 EL entspricht ca. 10 g oder 10 ml)
ETS	Buch „*Essen und Trinken im Säuglingsalter*" (☞ weiterführende Literatur)
g	Gramm (1 kg = 1000 g)
GÜ	Broschüre „Gläschen-Übersicht" (☞ weiterführende Literatur)
HA	hypoallergene Säuglingsmilchnahrung
mg	Milligramm
ml	Milliliter (1 l = 1000 ml)
pflanzl.	pflanzlich
PRE	Säuglingsflaschennahrung PRE, Anfangsnahrung
TL	Teelöffel (1 TL entspricht ca. 4 g oder 4 ml)
ZU	Zugabe, kleiner Breibestandteil

WEITERFÜHRENDE LITERATUR

Stillzeit

„Essen und Trinken – Kinderwunsch, Schwangerschaft und Stillzeit"
(1. Auflage), Ingeborg Hanreich
Verlag I. Hanreich 2006
ISBN 978-3-901518-07-2
€ 16,50 (D, A) / CHF 30,– UVP

„Essen und Trinken in der Stillzeit"
(1. Auflage), Ingeborg Hanreich
Verlag I. Hanreich 2014
ISBN 978-3-901518-23-2
€ 4,90 (D, A) / CHF 8,50 UVP

„Arzneiverordnung in Schwangerschaft und Stillzeit"
(8. Auflage), Ch. Schaefer et al.
Urban & Fischer 2011
ISBN 978-3-437-21203-1
€ 79,99 (D) / € 82,30 (A) / CHF 108,–

Stillen & Stillprobleme

„Stillen"
(6. Auflage), Márta Guóth-Gumberger und Elizabeth Hormann
GU 2014
ISBN 978-3-8338-0405-2
€ 12,99 (D) / € 13,40 (A) /CHF 23,90 UVP

„Das Handbuch für die stillende Mutter"
(3. Auflage), Hanna Neuenschwandner
La Leche Liga Schweiz Verlag 2008
ISBN 978-3-906675-02-2
€ 24,90 (D) / € 21,90 (A) / CHF 24,– UVP

Säuglingsernährung

„Essen und Trinken im Säuglingsalter" (7. Auflage),
Ingeborg Hanreich
Verlag I. Hanreich 2013
ISBN 978-3-901518-20-1
€ 19,90 (D, A) / CHF 28,90 UVP

„Gläschen-Übersicht"
(1. Auflage 3/2013), Ingeborg Hanreich
Verlag I. Hanreich 2013
ISBN 978-3-901518-21-8
€ 4,90 (D, A) / CHF 8,50 UVP

Kinderernährung

„Essen und Trinken im Kleinkindalter"
(6. Auflage), Ingeborg Hanreich
Verlag I. Hanreich 2014
ISBN 978-3-901518-09-6
€ 19,90 (D, A) / CHF 34,60 UVP

„Pfiffige Rezepte für kleine und große Leute" (4. Auflage)
Ingeborg Hanreich und Britta Macho
Verlag I. Hanreich 2011
ISBN 978-3-901518-13-3,
€ 19,90 (D, A) / CHF 28,90 UVP

„Coole Rezepte für zwischendurch"
(2. Auflage) Ingeborg Hanreich und Britta Macho
Verlag I. Hanreich 2011
ISBN 978-3-901518-14-0
€ 19,90 (D, A) / CHF 28,90 UVP

Allergie

„Lebensmittelallergie Neurodermitis –
Was darf mein Kind essen?"
(3. Auflage), Ute Körner
aid Infodienst 2013
ISBN 978-3-8874-9241-0
€ 3,00 (D) / € 3,30 (A)

„Essen und Trinken bei
Lebensmittelallergien"
(4. Auflage), DGE-infothek 2012
ISBN 978-3-88749-204-5
€ 1,00 (D) / € 1,10 (A)

„Allergien vorbeugen" (2. Auflage),
Christiane Schäfer und Imke Reese
Systemed 2011
ISBN 978-3-927372-50-4
€ 14,95 (D) / € 15,40 (A) /
CHF 29,90 UVP

ADRESSVERZEICHNIS
Buchbestellungen Verlag I. Hanreich

Verlag • Beratung • Information
Mag. Ingeborg Hanreich
Esterhazygasse 7, A-1060 Wien
Tel.: (+43 1) 504 28 29-1
Fax: (+43 1) 504 28 29-4
E-Mail: bestellung@hanreich-verlag.at
Internet: www.hanreich-verlag.at

Vereine, Verbände und Selbsthilfegruppen

Allergie

Deutschland
Arbeitsgemeinschaft
Allergiekrankes Kind e.V. (AAK)
Herborn
Tel.: (+49 2772) 92 87-0
Internet: www.aak.de

Deutscher Allergie- und
Asthmabund e.V. (DAAB)
Mönchengladbach
Tel.: (+49 2161) 814 94-0
Internet: www.daab.de

Kindernetzwerk e.V.*
Aschaffenburg
Tel.: (+49 6021) 120 30
Internet: www.kindernetzwerk.de

*Ist eine vernetzende Institution für betroffene Eltern von Kindern und Jugendlichen mit chronischen Erkrankungen, Entwicklungsstörungen und Behinderungen.

pina e.V.
Lübeck
Tel.: (+49 451) 500-2550
pina-Infoline: (+49 1) 805 05 22 51*
Mo – Fr: 9.30 – 12.00 Uhr
Internet: www.pina-infoline.de

*Ist eine Initiative für ein Leben ohne Allergie und Asthma, kostenpflichtige Infoline (12 Cent/Min.).

Weitere Informationen unter:
www.allergie-experten.de
www.allum.de und
forum.allergievorbeugen.de

Österreich
Österreichische Lungenunion
Wien
Tel.: (+43 1) 330 42 86
Internet: www.lungenunion.at

Schweiz
aha! Schweizerisches Zentrum
für Allergie, Haut und Asthma
Bern
Tel.: (+41 31) 359 90 00
Internet: www.aha.ch
aha! infoline: (+41 31) 359 90 50
Mo – Fr: 8.30 – 12.00 Uhr

Lungenliga Schweiz
Bern
Tel.: (+41 31) 378 20 50
Internet: www.lungenliga.ch
Lungentelefon: (0800) 40 48 00
Di von 17.00 – 19.00 Uhr

Biologische Lebensmittel – Information (z. B. Saisonkalender) und Anbieter

Deutschland
Bioland e.V.
Mainz
Tel.: (+49 6131) 239 79-0
Internet: www.bioland.de

Weitere Informationen unter:
www.naturkost.de und
www.was-wir-essen.de

Österreich
Bundesministerium für Land- und Forstwirtschaft, Umwelt und Wasserwirtschaft (BMLFUW)
Wien
Tel.: (+43 1) 711 00-0
Internet: www.bmluw.gv.at/Lebensmittel/biolebensmittel.html

„die umweltberatung"
Wien
Service-Tel. Wien: (+43 1) 803 32 32
Service-Tel. NÖ: (+43 2742) 718 29
Internet: www.umweltberatung.at

Weitere Informationen unter:
www.bioinfo.at

Südtirol
Bioland Verband Südtirol
Terlan
Tel.: (+39 471) 25 69 77
Internet: www.bioland-suedtirol.it

Schweiz
Bio Suisse
Basel
Tel.: (+41 61) 204 66 66
Internet: www.bio-suisse.ch

Verein bionetz.ch
Bern
Tel.: (+41 62) 965 39 70
Internet: www.bionetz.ch

Weitere Informationen unter:
www.coop.ch

Ernährungsinformationen für Mutter und Kind

Deutschland
aid infodienst – Ernährung, Landwirtschaft, Verbraucherschutz e.V. (aid)
Bonn
Tel.: (+49 228) 84 99-0
Internet: www.aid.de

*Kostenpflichtige Seviceline (9 Cent/Min.)

Bundeszentrale für
gesundheitliche Aufklärung
Köln
Tel.: (+49 221) 89 92-0
Internet: www.kindergesundheit-info.de

Deutsche Gesellschaft
für Ernährung e.V. (DGE)
Bonn
Tel.: (+49 228) 37 76-600
Internet: www.dge.de

Forschungsinstitut für
Kinderernährung (FKE)
Dortmund
Tel.: (+49 231) 79 22 10-0
Internet: www.fke-do.de

Verband der Diätassistenten –
Deutscher Bundesverband e.V. (VDD)
Essen
Tel.: (+49 201) 946 85 37-0
E-Mail: vdd@vdd.de
Internet: www.vdd.de

Berufsverband Oecotrophologie e.V.
(VDOE)
Bonn
Tel.: (+49 228) 289 22-0
Internet: www.vdoe.de

Österreich
Verband der Ernährungswissenschafter
Österreich (VEÖ)
Wien
Tel.: (+43 01) 333 39 81
Internet: www.veoe.org

Verband der Diaetologen Österreichs
Wien
Tel.: (+43 1) 602 79 60
www.diaetologen.at

Österreichische Gesellschaft
für Ernährung (ÖGE)
Wien
Tel.: (+43 1) 714 71 93
Internet: www.oege.at

Schweiz
Schweizerische Gesellschaft
für Ernährung (SGE)
Bern
Tel.: (+41 31) 385 00 00
Internet: www.sge-ssn.ch

Neurodermitis

Deutschland
Bundesverband Neurodermitis-
kranker in Deutschland e.V.
Boppard
Tel.: (+49 6742) 871 30
Internet: www.neurodermitis.net

Deutscher Neurodermitis Bund
e.V. (DNB)
Hamburg
Tel.: (+49 40) 23 07 44
Internet: www.neurodermitis-bund.de

Österreich
Informationen und Selbsthilfe-
gruppen finden Sie unter:
www.netdoktor.at/selbsthilfegrup-
pen/neurodermitis-240668

Schweiz
aha! Allergiezentrum Schweiz
Bern
Tel.: (+41 31) 359 90 00
Internet: www.aha.ch

Weitere Informationen erhalten Sie
unter: www.neurodermitis.ch

Stillberatung

Deutschland
Berufsverband Deutscher Laktations-
beraterinnen IBCLC e.V. (BDL)
Laatzen
Tel.: (+49 511) 87 64 98 60
Internet: www.bdl-stillen.de

Deutscher Hebammenverband e.V.
Karlsruhe
Tel.: (+49 721) 981 89-0
Internet: www.hebammenverband.de

Bund freiberuflicher Hebammen
Deutschlands e.V. (BfHD)
Frankfurt am Main
Tel.: (+49 69) 79 53 49 71
Internet: www.bfhd.de

Arbeitsgemeinschaft
Freier Stillgruppen AFS e.V.
Mülheim a. d. Ruhr
(+49 228) 92 95 9999*
Internet: www.afs-stillen.de

*Kostenpflichtige Seviceline (max. 42 Cent/Min.)

La Leche Liga Deutschland e.V.
Tel.: (+49 22 41) 123 25 81
Internet: www.lalecheliga.de

Weitere Informationen finden
Sie unter: www.stillkinder.de

Österreich

Verband der Still- und Laktationsberaterinnen Österreichs IBCLC (VSLÖ)
Biedermannsdorf
Tel.: (+43 2236) 723 36
Internet: www.stillen.at

La Leche Liga Österreich (LLL)
Radstadt
Tel.: (+43 650) 702 31 21
Internet: www.lalecheliga.at

Österreichisches Hebammen-
Gremium (ÖGH)
Wien
Tel.: (+43 1) 71 72 81 63
Internet: www.hebammen.at

Hebammenzentrum –
Verein freier Hebammen
Wien
Tel.: (+43 1) 408 80 22
Internet: www.hebammenzentrum.at

Schweiz

Berufsverband Schweizerischer
Stillberaterinnen IBCLC (BSS)
Bern
Tel.: (+41 41) 671 01 73
Internet: www.stillen.ch

Schweizerischer Hebammenverband
Bern
Tel.: (+41 31) 332 63 40
Internet: www.hebamme.ch

La Leche League Schweiz (LLLCH)
Zürich
Tel.: (+41 44) 940 10 12
Internet: www.stillberatung.ch

Schweizerische Stiftung
zur Förderung des Stillens
Bern
Tel.: (+41 31) 381 49 66
Internet: www.allaiter.ch

Schweizerischer Fachverband
der Mütter- und Väterberaterinnen
Zofingen
Tel.: (+41 62) 511 2011
Internet: www.sf-mvb.ch

Südtirol

Verband der Still- und
Laktationsberaterinnen Südtirols
IBCLC (VSLS)
Neumarkt
Tel.: (+39 329) 051 23 61
Internet: www.stillen.it

La Leche League Italia (LLL)
Milano
Tel.: (+39 199) 43 23 26
Internet: www.lllitalia.org

Kollegium der Hebammen
der Provinz Bozen
Bozen
Tel.: (+39 471) 28 06 47
Internet: www.hebammen.bz.it

Schrei-, Schlaf- und Fütterungsstörungen

Deutschland
Informationen finden Sie unter:
www.schreibaby.de und
www.trostreich.de

Schweiz
Verein Schreibabyhilfe
Stäfa
Tel.: (+41 44) 850 75 23
Mami4Mami-Telefondienst:
(+41 78) 832 0091
Internet: www.schreibabyhilfe.ch

Gesellschaft für seelische Gesundheit
in der Frühen Kindheit e.V. (GAIMH)
Marie Meierhofer-Institut für das Kind
Zürich
Tel.: (+41 44) 205 52 20
Internet: www.gaimh.de

Stoffwechselstörungen

Deutschland
Galaktosämie Initiative
Deutschland e.V. (GaLID)
Owschlag
Tel.: (+49 172) 43 76 098
Internet: www.galid.de

Deutsche Interessensgemeinschaft
PKU und verwandte
Stoffwechselstörungen e.V. (DIG-PKU)
Fürth
Tel.: (+49 911) 979 10 34
Internet: https://www.dig-pku.de

Deutsche Zöliakie
Gesellschaft e.V. (DZG)
Stuttgart
Tel.: (+49 711) 45 99 81-0
Internet: www.dzg-online.de

Selbsthilfegruppe hereditäre
Fructoseintoleranz (HFI)
Moers
Internet: www.fructoseintoleranz.de

Österreich
Österreichische Gesellschaft für
angeborene Stoffwechselstörungen
(ÖGAST), Wien
Tel.: (+43 664) 424 82 82
Internet: www.oegast.at

Österreichische
Arbeitsgemeinschaft Zöliakie
Wien
Tel.: (+43 1) 405 18 16
Internet: www.zoeliakie.or.at

Schweiz
Verein Galactosaemie Schweiz
Moosseedorf
Tel.: (+41 31) 859 0445
Internet: www.galactosaemie.ch

Schweizerische IG
Phenylketonurie und andere mit
Eiweisseinschränkungen behandelte
Stoffwechselstörungen (CHIP)
Amsoldingen
Internet: www.chip-pku.ch

IG Zöliakie der Deutschen Schweiz
Basel
Tel.: (+41 61) 271 62 17
Internet: www.zoeliakie.ch

Südtirol
Galactosaemia in Italy
Verona
Tel.: (+39 45) 53 44 83
Internet: www.galactosaemia.com

Associazione Prevenzione
Malattie Metaboliche Congenite
(A.P.M.M.C.)
c/o Clinica Pediatrica –
Ospedale S. Paolo
Milano
Tel.: (+39 2891) 10 62
Internet: www.apmmc.it

Südtiroler Zöliakie-Gesellschaft (AIC)
Bozen
Tel.: (+39 471) 05 16 26
Internet: www.aic.bz.it

Wasser für Säuglingsnahrung

Deutschland
Forum Trinkwasser e.V.
Frankfurt am Main
Tel.: (+49 69) 96 36 52-12
Internet: www.forum-trinkwasser.de

IDM – Informationszentrale
Deutsches Mineralwasser
c/o Kohl PR & Partner GmbH
Bonn
Tel.: (01805) 45 33 33*
Internet: www.mineralwasser.com

*Kostenpflichtige Seviceline (14 Cent/Min.)

Österreich
Bundesministerium für
Gesundheit
Wien
Tel.: (+43 1) 711 00-0
BürgerInnenservice: (+43 810) 333 999
Mo – Fr: 8.00 – 12.00 Uhr
Internet: www.bmg.gv.at

Schweiz
Schweizerischer Verein des Gas- und Wasserfaches (SVGW)
Information Trinkwasser
Zürich
Tel.: (+41 44) 288 33 33
Internet: www.trinkwasser.ch

Auskunft über das örtliche Trinkwasser geben die jeweils zuständigen Wasserwerke bzw. das Gesundheitsamt.

Zahngesundheit

Deutschland
Informationsstelle für Kariesprophylaxe des Deutschen Arbeitskreises für Zahnheilkunde
Frankfurt am Main
Tel.: (+49 69) 24 70-6822
Internet: www.kariesvorbeugung.de

Aktion zahnfreundlich e.V.
Berlin
Tel.: (+49 30) 30 12 78 85
Internet: www.zahnmaennchen.de

Österreich
ÖGK – Österreichische Gesellschaft für Kinderzahnheilkunde
Salzburg
Tel.: (+43 660) 42 94 829
Internet: www.kinderzahnheilkunde-online.at

Schweiz
Aktion Zahnfreundlich
Basel
Tel.: (+41 61) 273 77 05
Internet: www.zahnfreundlich.ch

STICHWORTVERZEICHNIS

A
Allergie – 9 f., 19, 21, 24 f., 30, 33, 52, 65, 155 f., 159
allergiegefährdet – 31, 53, 57, 171
Allergieprävention – 9 ff., 18, 21, 24, 27, 30, 53, 170, 176
Allergierisiko – 9 ff., 14 f., 18, 21, 24 f., 27, 30, 33, 52, 75
Anfangsnahrung – 12, 153
Apfel – 15 ff., 19, 26, 39, 40 ff., 58 f., 61, 63, 69, 71 f., 75 ff., 81, 85 ff., 89, 128, 134, 138, 140, 148
Apfeldicksaft – 15, 17, 37, 142, 146, 148, 150
Apfelsaft – 15, 30 f., 37, 58 f., 71, 73, 86 f., 90, 92, 94, 96, 98, 100, 102, 104, 106, 108, 110, 112, 114, 116, 118, 120, 122, 124, 126
Aprikose – siehe Marille
auftauen – 47, 49

B
Banane – 16, 20, 39, 40 ff., 55, 58, 78, 81, 132, 138, 144
Beeren – 16, 31, 36, 61, 63, 81, 86, 130, 136, 140, 150, 151
Beikost – 9 ff., 19, 22, 24 f., 27, 33 ff., 37, 45 f., 50 ff., 55, 57, 65 f., 68, 72, 88, 170, 176
Beikostbeginn – 12 f., 51, 53, 57, 65, 170
Beikostbrei – 15 f., 18, 30
Beikostplan – 9 f., 24, 53, 57 ff., 65, 69, 73, 83, 85, 89, 102, 170, 176
beikostreif/beikostbereit – 13, 28, 52, 57
Birne – 17, 26, 39, 40 f., 52, 55, 58 f., 61, 72, 75 f., 78, 81, 86 f., 128, 132, 134, 138, 140, 144, 149, 151
Birnendicksaft/-sirup – 15, 17, 37

Biskotten (Löffelbiskuit) – 82, 144
Blaubeere – siehe Heidelbeere
Blähungen – 11, 17, 20, 23, 25, 55 f., 89, 173
Blumenkohl – siehe Karfiol
Brokkoli – 17 f., 20, 25, 29, 39, 40 f., 47, 60 f., 63, 67, 69, 77, 88, 90, 94, 122
Brot – 17 f., 22, 26, 32, 42, 60 f., 78, 83, 85 f., 89 f., 138, 140, 142, 148
Brühwürfel – siehe Suppenwürfel
Butter – 18 f., 28, 47, 60 f., 78, 83, 85 f., 88 f., 138, 146, 150

C
Champignons – 92
Couscous – 61, 98, 104, 132

D
Dinkel – 17, 22, 58 f., 72, 130, 142
Dinkelflocken – 24, 76, 134

E
Ei – 19, 43, 56, 90
Eisenlieferant – 20
Erbse – 20, 25, 29, 47, 58 f., 61, 77, 88, 92, 100, 116, 118
Exotische Früchte – 20

F
Faschiertes (Hackfleisch) – 22, 43, 68, 71, 73, 77, 83, 88, 94, 96
Fenchel – 20, 23, 29, 39, 40 f., 47, 60 f., 63, 69, 77, 88, 104, 108, 126
Fisch – 21, 43, 62 f., 126
Fleisch – 11 f., 20 ff., 26, 38, 43, 46, 49, 56, 58 f., 61, 68 f., 71, 73, 77 f., 83, 88 f., 94, 96, 104, 110, 112, 114, 118, 120, 122

G
Geflügel – 21 f., 43, 46, 73
Gemüse – 11 f., 17, 25 ff., 37 f., 42, 46 ff., 55, 57, 59, 61, 63, 67 ff., 71, 73, 75 ff., 81, 83, 88 f., 92, 96, 98, 104, 108, 116
Germ (Hefe) – 17, 142, 148
Gerste – 22, 60 f.
Getränke – 12, 37, 50, 72 f., 86 f.
Getreide – 11 f., 18, 20, 22 ff., 27, 29 f., 32, 42, 46, 49, 60, 69, 71 f., 75 f., 78, 85, 89, 104, 134
Gewürz – 18, 23, 26, 32, 37, 56, 102, 104, 118
Grieß – 22 f., 28, 59, 61, 72, 76 f., 98, 130

H
Hackfleisch – siehe Faschiertes
Haferflocken – 23 f., 77, 83, 89, 92, 96, 104
Haferschleim – 23, 72, 89, 96, 134
Hahnenwasser – siehe Leitungswasser
Hefe – siehe Germ
Heidelbeere (Blaubeere) – 16, 39, 40 f., 60 f., 130, 136, 140, 150 f.
Hirse – 20 ff., 42, 59, 60 f., 69, 76, 78, 92, 108, 136
Honig – 24 f., 56, 75
Huhn (Poulet) – 21, 58 f., 63, 73, 77, 88, 110, 122
Hygiene – 14, 22, 28, 45, 46

K
Kalbfleisch – 58, 61, 73, 77, 88, 112
Karfiol (Blumenkohl) – 17, 25 f., 29, 39 ff., 47, 58 f., 61, 73, 77, 88, 90, 102, 104
Karotte (Möhre) – 17, 21, 25 f., 28 f., 32 f., 39 ff., 43, 47, 49, 52, 58 f., 61, 65 ff., 71, 73, 77 f., 86, 89, 94, 96, 98, 104, 108, 110, 114, 116

Kartoffel – 26, 29, 35, 39 ff., 44, 47 ff., 55, 58 f., 61, 63, 65, 67 ff., 71, 73, 77 f., 83, 88 ff., 94, 102, 104, 106, 112, 124, 126
Kekse (Plätzchen) – 18 f., 24, 37, 72, 78, 82, 86, 90, 138, 140, 146, 150
Kochschinken – siehe Schinken
Kohlrabi – 25 f., 39 ff., 47, 60 f., 77, 88, 98, 102, 104
Kräuter – 23, 32, 60 f., 88, 102, 104, 110
Kuhmilch, Milch – 18 f., 26 ff., 38, 43, 53, 56, 76, 85, 128
Kümmel – 23
Kürbis – 26, 28, 37, 39 ff., 47, 52, 55, 58, 61, 63, 65, 67, 69, 73, 77, 88, 92, 112, 120

L
Lachs – 21, 63, 126
Lauch (Porree) – 39 ff., 60 f., 77, 110, 114, 116
Leitungswasser (Hahnenwasser) – 35 f. 86
Lorbeerblatt – 112, 114, 116, 118
Löffelbiskuit – siehe Biskotten

M
Mais – 22, 28, 58 f., 78
Margarine – 19, 28, 83, 85 f., 88 f., 138, 146, 150
Marille (Aprikose) – 16, 28, 39 ff., 58 f., 72, 81, 86, 128, 134, 140, 146, 148
Melone – 29, 39 ff.
Mikrowelle – 47, 49, 106
Milch – siehe Kuhmilch
Möhre – siehe Karotte
Mus – siehe Püree
Muttermilch – 11, 12, 21, 26 f., 32, 47, 52 f., 55, 58 ff., 69, 72 f., 75 f., 78, 85

N
Nitrat – 11, 14, 29 f., 34 ff., 56, 66

nitratreiche Gemüsesorten – 15, 20, 29, 33 f., 46, 48, 77
Nüsse – 15, 30, 53, 56, 75, 85

O

Obst – 11 f., 15 ff., 20, 27, 29, 36 f., 38, 42, 44, 46, 49, 57 ff., 61, 71 f., 75 ff., 81 f., 85 ff., 89, 130, 132, 142, 149
Obstsaft – 15, 29 f., 37, 47, 69, 71 ff., 76 f., 81, 83, 86, 88 f.
Öl, Pflanzenöl – 14, 19, 31, 47, 56, 58 f., 66 ff., 71 ff., 77 f., 82 f., 88 ff., 92, 94, 96, 98, 100, 102, 104, 106, 108, 110, 112, 114, 116, 118, 120, 122, 124, 126, 140, 142, 148

P

Paniermehl – siehe Semmelbrösel
Paprika – 29, 31, 37, 62, 63, 102
Paradeiser – siehe Tomate
Pastinake – 26, 32, 39 ff., 47, 58 f., 65, 73, 77, 88
Petersilie – 23, 32, 88, 94, 98, 108, 112, 114, 116, 118, 126
Pfirsich – 28, 39 ff., 58 f., 72, 81, 128, 134
Pflanzenöl – siehe Öl
Plätzchen – siehe Kekse
Porree – siehe Lauch
Poulet – siehe Huhn
Pudding – 61, 130, 136
Pute, Putenfleisch, Putenbrustfleisch, Truthahn – 21, 58 f., 61, 63, 68, 73, 77, 88, 98, 104, 118, 120
Püree (Mus) – 25 f., 48, 59, 61, 63, 66, 68, 71, 94, 102, 124
Pürierstab – 44, 47, 67, 71, 81, 86, 88, 96

R

Rahm (Sahne) – 92, 100, 104
Rapsöl – siehe Öl
Reis – 22, 26, 28, 32, 48, 55, 58 f., 61, 63, 77, 83, 86, 88, 92, 102, 104, 108, 110, 112, 114, 120, 122, 128
Reismilch – 28, 61, 128, 130
Reisschleim – 32, 49, 73, 77, 146
Rindfleisch, Rinderfilet, Rinderfaschiertes, Rindslungenbraten – 21, 58 f., 61, 68, 71, 73, 77, 88, 94, 96, 104, 106, 114
Rollgerste, Ritschert – 61, 112, 114, 116
Rosmarin – 63, 122

S

Saccharose – siehe Zucker
Sahne – siehe Rahm
Salz – 14, 18, 32, 35, 37 f., 42, 56, 78, 90, 92, 94, 96, 98, 100, 102, 104, 106, 108, 110, 112, 114, 116, 118, 120, 122, 124, 126, 142, 148
Säuglingsmilchnahrung – 27, 32, 50, 52, 55, 73, 75 f., 78, 85
Schadstoffgehalt – 14
Schinken (Kochschinken) – 32 ff., 37, 60 f., 63, 98, 100, 102, 116, 124
Schlagobers (Schlagsahne) – 144, 148, 151
Schlagsahne – siehe Schlagobers
Schwarzwurzel – 33, 39 ff., 62 f., 77, 104
Sellerie – 25, 29, 32 f., 39 ff., 116
Semmelbrösel (Paniermehl) – 18, 61, 82, 90, 140
Soja – 18, 20, 25, 33, 53, 120
Spaghetti – 61, 96
Spargel – 92
Spinat – 17, 20, 29, 33, 34, 39 ff., 46, 48, 60 f., 77, 106
Strudel – 61, 110, 140
stuhlauflockernde Lebensmittel – 17, 28, 55
Suppennudeln – 96, 118
Suppenwürfel (Brühwürfel) – 34

T

tieffrieren – 21, 26, 43, 48 f., 67, 69, 88, 148
Tomate (Paradeiser) – 16, 29, 35, 42, 52, 60 f., 77, 88 f., 96
Trauben – 36 f., 60 f., 134
Trockengerm (-hefe) – siehe Germ
Truthahn – siehe Pute

V

vegetarisch – 19 ff., 23 f., 57, 69, 76, 89 f., 92, 96, 108
Vitamin C – 15 f., 20, 26, 29 ff., 37, 43, 69, 71, 73, 76 f., 81, 83, 88 f., 100, 106, 110
Vollkornweckerl (-brötchen) – 61, 89 f., 138, 142

W

Wasser – 17, 24, 27, 29, 33 ff., 45 f., 53, 66 ff., 71 ff., 75 ff., 81 ff., 85 ff., 92, 94, 96, 98, 100, 102, 104, 106, 108, 110, 112, 114, 116, 118, 120, 122, 124, 126, 130, 132, 134, 136, 142, 144, 146, 148, 150 f., 164
Weizen – 17 f., 22, 58 f., 61, 76, 98
Weizenmehl – 142, 146, 148, 150
Wurstwaren – 32 f., 37, 56

Z

Zitronensaft – 52, 92, 104
Zitrusfrüchte – 20, 37, 146
Zubereitung – 9 f., 14, 18, 20 ff., 24, 27 ff., 31, 35 f., 38, 42 ff., 66, 72, 75 f., 81, 87
Zucchini (Zucchetti) – 37, 39 ff., 47, 58 f., 61, 63, 67, 73, 77, 94, 102, 110, 112, 124
Zucker (Saccharose), Zuckerarten – 14 f., 17 f., 25, 35, 37, 56, 75, 86, 128, 142, 146, 148 f., 150 f.
Zwieback – 18, 61, 78, 81 f., 138, 144
Zwiebel – 42, 60, 92, 116, 120

baby world
by SONNENTHERME

Wo Babys Urlaub machen!

Die Sonnentherme in Lutzmannsburg ist der erste Urlaubstipp für Babys und Kids!

baby world heißt der Bereich, wo sich alles um die Kleinsten der Kleinen dreht. Mit wohlig warmer Luft, ca. 35°C warmem Wasser, abgestuften Baby-Becken, Flachwasser- und Kinderspielbecken, bubble pool, Baby-Lagunenbecken, Wickel- und Stillplätzen, Babyküche und Schlafoase, mit gratis Leih-Buggies, Gehschulen und Wippen. Für die optimale Frühförderung Ihres Sonnenscheins gibt es gratis Schnuppereinheiten im Thermalwasser. Einzeleinheiten und aufbauende Schwimmkurse für Babys und Kleinkinder sind jederzeit buchbar.

Alle Infos: www.sonnentherme.at

NEU! Baby Beach mit Sandstrand

FÜR FRAUEN, SCHWANGERE UND STILLENDE

Der Ernährungsratgeber spannt den Bogen von der Ernährung der Frau im Allgemeinen, über Maßnahmen bei Kinderwunsch, bis hin zur **Ernährung in Schwangerschaft und Stillzeit**.
Sie finden Information zur Nahrungsaufnahme im monatlichen Zyklusverlauf, zu **Pluspunkten und Tabus** in Schwangerschaft und Stillzeit, zur Ernährung vor, während und nach der Geburt und zu **Babyblues, Milchbildung, Blähungen & Co.**

136 Seiten, 4 Abb. in Farbe
1. Auflage 2006
ISBN 978-3-901518-07-2
€ 16,50 (D, A) / CHF 23,90

Die Ernährungsbroschüre über die **Ernährung in der Stillzeit** spannt den Bogen von Grundlagen zur Ernährung über die Maßnahmen nach der Geburt bis hin zu **Babyblues, Milchbildung, Blähungen & Co.**
Tipps zu den ersten Stillmahlzeiten, zur Ernährung in der Stillzeit und zur Gewichtsreduktion nach der Stillzeit runden die Broschüre ab. (Inkl. Rezepte für Kraftsuppe und Energiekugeln.)

48 Seiten, 4 Abb. in Farbe
1. Auflage 2014
ISBN 978-3-901518-23-2
€ 4,90 (D, A) / CHF 8,50

BEIKOST UND UMSTIEG ZUR FAMILIENKOST

Der Klassiker zur **Ernährung im 1. Lebensjahr** bietet Ihnen wertvolle Hinweise zum **Stillen** (inklusive Kolostrumgabe bei Nichtstillen).
Ein Kapitel widmet sich den **Flaschennahrungen** auf dem Markt und ihrer Zubereitung (z. B. auch der Dosierung und der Wasserqualität).
Fragen zum Thema **Beikostbeginn, -aufbau, -einkauf und zum Thema Allergieprävention** werden im Beikostteil beantwortet. **3 Beikostpläne** runden den Ratgeber ab.

176 Seiten, 25 Abb. in Farbe
7. Auflage 2013
€ 19,90 (D, A) / CHF 28,90

Ergänzend zu dem vorliegenden Band habe ich die Marktsituation an **Babybreien und Gläschchenkost in Deutschland, Österreich und der Schweiz** erhoben. Sie folgen dem **stufenweisen Aufbau** der beispielhaften Beikostanleitung. Die Gläschchen-Übersicht kann auch ergänzend eingesetzt werden, wenn **Gläschen unterwegs** gegeben werden.

48 Seiten, 3 Abb. in Farbe
1. Auflage 2013
ISBN 978-3-901518-21-8
€ 4,90 (D, A) / CHF 8,50

Näheres: www.hanreich-verlag.at

WISSENSWERTES UND GENUSSVOLLES

UNSERE BÜCHER

Das Praxisbuch für junge Familien mit einfach zubereitbaren, pfiffigen Rezepten und wichtigen **Tipps für Einkauf, Lagerung und Verarbeitung** von Lebensmitteln.

Mit unserer Hilfe gelingt Ihnen die **rasche Zubereitung** von 76 einfachen, kindgerechten und schmackhaften Gerichten. Traditionelle Rezepte sind ernährungswissenschaftlich optimiert. Kochneulinge und Profis schätzen die Vielfalt an Variationen.

192 Seiten, 80 Abb. in Farbe
4. Auflage 2011
ISBN 978-3-901518-13-3
€ 19,90 (D, A) / CHF 28,90

Unser Ernährungsleitfaden für Kinder von **1 bis 6 Jahren** spannt den Bogen von Fastfood bis Smoothies. Er bietet eine **praxisnahe Portionsberechnung „in Kinderhandvoll"** für alle Lebensmittelgruppen.

In unserem Ratgeber über die **Ernährung von Klein- und Vorschulkindern** erhalten Sie Antworten auf zahlreiche, häufig gestellte Elternfragen.

160 Seiten, 18 Abb. in Farbe
6. Auflage 2014
ISBN 978-3-901518-09-6
€ 19,90 (D, A) / CHF 28,90

Näheres: www.hanreich-verlag.at

BRAINFOOD UND MERKFREUDIGES

Unser Rezeptbuch für die leckere und gesunde Zwischenmahlzeit eignet sich nicht nur für die **Pause in der Schule**, sondern auch für **Kindergarten und Arbeitsplatz**.
Rasch und einfach werden köstliche Rezepte erklärt und wertvolle Tipps zur Zubereitung (z. B. zum Kettenkochen) gegeben. Weiters erfahren Sie, **was Schulkinder brauchen** und wie ideales **Brainfood** (Futter fürs Gehirn) zusammengesetzt ist.

176 Seiten, 73 Abb. in Farbe
2. Auflage 2011
ISBN 978-3-901518-14-0
€ 19,90 (D, A) / CHF 28,90

Nicht nur **eine Frage des guten Geschmacks**, sondern auch der gesunden Küche – Dampfgaren.
Ob **Sterilisieren von Babyfläschchen** oder **Breizubereitung**, ob **Familienrezepte für Fleischtiger, Seemänner, Süßspechte oder Pflanzenliebhaber**, wir verraten wie's geht.
Inklusive Tabellen zur Temperaturwahl und Tipps für den Geräteeinkauf.

112 Seiten, 43 Abb. in Farbe
1. Auflage 2012
ISBN 978-3-901518-17-1
€ 14,90 (D, A) / CHF 21,90

Näheres: www.hanreich-verlag.at

ABENTEUERLICHES UND WERTVOLLES

UNSERE BÜCHER

Bertl, die Maus, und Adele, der Schmetterling, wollen ihrem Freund, dem Hasen Ferdi, helfen, wieder glücklich zu sein.
So machen sie sich auf die Suche nach dem Glück. Wollt ihr wissen, was Kater Fauli und die Schnecke Schleichi ihnen dabei verraten?
Ein **interaktives Ideenbuch für kleine Glückssucher** mit fundierten Tipps aus der Glücksforschung. Und die Geschichte einer Freundschaft.

32 Seiten in Farbe
1. Auflage 2012
ISBN 978-3-901518-19-5
€ 14,90 (D, A) / CHF 21,90

Das wunderschöne Korallenriff wird durch einen lecken Öltanker unbewohnbar. So müssen der Hutfisch und seine Freunde ins Abenteuer eintauchen. Ob unsere Fischfreunde in dem spukenden Wrack ein neues Zuhause finden?
Seht selbst, wer sich darin verbirgt und was es bringen kann, **wenn alle Freunde an einem Strang ziehen.**
Über Hilfsbereitschaft und Vertrauen.

40 Seiten in Farbe
1. Auflage 2012
ISBN 978-3-901518-18-8
€ 14,90 (D, A) / CHF 21,90

Näheres: www.hanreich-verlag.at

MÄRCHENHAFTES & IHR GESCHENK

Mitten im Winter bricht der Frühling aus! Aber nur auf dem Kopf der alten Frau Berta. Denn der beginnt plötzlich zu blühen.
Krankheit oder Wunder? Frau Berta muss dies umgehend abklären.
Eine märchenhafte Geschichte mit einem „köstlichen" Ende.

Prämiert mit dem 1. Preis in der Kategorie „Märchen" Akut 2012.

40 Seiten in Farbe
1. Auflage 2013
ISBN 978-3-901518-22-5
€ 14,90 (D, A) / CHF 21,90

Eines unserer Poster für Kühlschrank oder Pinwand, das **wertvolle Hinweise** zu folgenden 4 Themen ...

Ernährung für (werdende) Mütter
Ernährung im 1. Lebensjahr
Ernährung im Kleinkindalter
Ernährung im Schulkindalter

... liefert, erhalten Sie als Geschenk bei Bestellung direkt im Hanreich Verlag, Esterhazygasse 7/2, 1060 Wien.
Solange der Vorrat reicht!

Näheres: www.hanreich-verlag.at

Mag. Ingeborg Hanreich,
Ernährungswissenschafterin und Stillberaterin

Dipl. oec.troph. Britta Macho
Ernährungswissenschafterin und Diplompädagogin

AUTORINNENPORTRAITS

Mag. Ingeborg Hanreich hat 1991 das Studium der Ernährungswissenschaften an der Universität Wien abgeschlossen. Sie ist seit 2003 Stillberaterin. Als freiberuflich tätige Expertin widmet sie sich vor allem dem Bereich „Ernährung von Mutter und Kind". Sie hält Seminare und Vorträge für Eltern, ElternberaterInnen, Hebammen, Säuglingsschwestern und ApothekerInnen. Im Jahr 1994 gründete sie den Wiener Verlag I. Hanreich.

Mag. Hanreich war Gründungspräsidentin des Verbandes der Ernährungswissenschafter Österreichs und war von 1995 bis 2009 Vorstandsmitglied des „Informationskreises Kind und Ernährung" (IKE).
Seit 2008 ist sie Lektorin an der Fachhochschule für Hebammen in Wien.

Dipl. oec.troph. Britta Macho hat das Studium der Ernährung und Hauswirtschaft an der Fachhochschule Niederrhein 1983 und 1987 an der Berufspädagogischen Akademie des Bundes in Wien das Lehramt für den ernährungswirtschaftlichen und haushaltsökonomischen Fachunterricht abgeschlossen.
Von 1995 bis 2009 war sie Vorstandsmitglied des „Informationskreises Kind und Ernährung". Lange Jahre arbeitet sie als Ernährungswissenschafterin freiberuflich, seit 2006 im eigenen Unternehmen *ernährung e3 Macho & Reiselhuber* (www.e-drei.at).

Als Mutter von zwei Kindern erprobt sie laufend Rezepte und zahlreiche Tipps und Tricks sowie die praktische Umsetzbarkeit von Empfehlungen der Bücher des Verlages I. Hanreich.

UNSER SERVICE

Liebe Leserinnen und Leser!

Wir freuen uns sehr, wenn wir Ihnen mit unserem Rezeptbuch für Babys Beikost weiterhelfen konnten. Der Beikostplan richtet sich nach einem der drei Beikostpläne, die sich am Ratgeber *„Essen und Trinken im Säuglingsalter"* – Auflage 7 befinden.
Verständnisfragen zu den Rezepten oder zum Inhalt dieses Buches können Sie gerne direkt an den Verlag richten:

Verlag • Beratung • Information
Mag. Ingeborg Hanreich
Esterhazygasse 7, A-1060 Wien
Tel.: (+43 1) 504 28 29-1
Fax: (+43 1) 504 28 29-4
E-Mail: office@hanreich-verlag.at
Internet: www.hanreich-verlag.at

Anregungen und Kritik von Ihrer Seite nd uns ebenfalls gerne willkommen, dieses Buch ist schon dank man ckmeldung verbessert und er-

weitert worden. **Deshalb zögern Sie nicht – rufen Sie an, schreiben oder mailen Sie uns!**

Gerne nimmt sich Frau Mag. Hanreich telefonisch, per Skype oder im persönlichen Gespräch bei **Fragen, die die individuelle Situation Ihres Kindes betreffen**, für Sie Zeit. Eventuell ist eine Dokumentation der Essgewohnheiten und der Befindlichkeit Ihres Kindes nötig. Hier eine Gratis-Vorlage dazu:
www.hanreich-verlag.at/?id=518

Wenn Sie **einen persönlichen Beratungstermin, eine längere Telefon- oder Skype-Beratung sowie Seminare, Workshops, Vorträge oder Mütterrunden** vereinbaren wollen, können Sie dies unter (+43 1) 504 28 29-1 tun.

Näheres hierzu finden Sie unter:
www.hanreich-verlag.at/beratung

ABENTEUERLICHES UND WERTVOLLES

Bertl, die Maus, und Adele, der Schmetterling, wollen ihrem Freund, dem Hasen Ferdi, helfen, wieder glücklich zu sein.
So machen sie sich auf die Suche nach dem Glück. Wollt ihr wissen, was Kater Fauli und die Schnecke Schleichi ihnen dabei verraten?
Ein **interaktives Ideenbuch für kleine Glückssucher** mit fundierten Tipps aus der Glücksforschung. Und die Geschichte einer Freundschaft.

32 Seiten in Farbe
1. Auflage 2012
ISBN 978-3-901518-19-5
€ 14,90 (D, A) / CHF 21,90

Das wunderschöne Korallenriff wird durch einen lecken Öltanker unbewohnbar. So müssen der Hutfisch und seine Freunde ins Abenteuer eintauchen. Ob unsere Fischfreunde in dem spukenden Wrack ein neues Zuhause finden?
Seht selbst, wer sich darin verbirgt und was es bringen kann, **wenn alle Freunde an einem Strang ziehen.**
Über Hilfsbereitschaft und Vertrauen.

40 Seiten in Farbe
1. Auflage 2012
ISBN 978-3-901518-18-8
€ 14,90 (D, A) / CHF 21,90

Näheres: www.hanreich-verlag.at

MÄRCHENHAFTES & IHR GESCHENK

Mitten im Winter bricht der Frühling aus! Aber nur auf dem Kopf der alten Frau Berta. Denn der beginnt plötzlich zu blühen.
Krankheit oder Wunder? Frau Berta muss dies umgehend abklären.
Eine märchenhafte Geschichte mit einem „köstlichen" Ende.

Prämiert mit dem 1. Preis in der Kategorie „Märchen" Akut 2012.

40 Seiten in Farbe
1. Auflage 2013
ISBN 978-3-901518-22-5
€ 14,90 (D, A) / CHF 21,90

Eines unserer Poster für Kühlschrank oder Pinwand, das **wertvolle Hinweise** zu folgenden 4 Themen ...

Ernährung für (werdende) Mütter
Ernährung im 1. Lebensjahr
Ernährung im Kleinkindalter
Ernährung im Schulkindalter

... liefert, erhalten Sie als Geschenk bei Bestellung direkt im Hanreich Verlag, Esterhazygasse 7/2, 1060 Wien.
Solange der Vorrat reicht!

Näheres: www.hanreich-verlag.at

Mag. Ingeborg Hanreich,
Ernährungswissenschafterin und Stillberaterin

Dipl. oec.troph. Britta Macho
Ernährungswissenschafterin und Diplompädagogin

Mag. Ingeborg Hanreich hat 1991 das Studium der Ernährungswissenschaften an der Universität Wien abgeschlossen. Sie ist seit 2003 Stillberaterin. Als freiberuflich tätige Expertin widmet sie sich vor allem dem Bereich „Ernährung von Mutter und Kind". Sie hält Seminare und Vorträge für Eltern, ElternberaterInnen, Hebammen, Säuglingsschwestern und ApothekerInnen. Im Jahr 1994 gründete sie den Wiener Verlag I. Hanreich.

Mag. Hanreich war Gründungspräsidentin des Verbandes der Ernährungswissenschafter Österreichs und war von 1995 bis 2009 Vorstandsmitglied des „Informationskreises Kind und Ernährung" (IKE).
Seit 2008 ist sie Lektorin an der Fachhochschule für Hebammen in Wien.

Dipl. oec.troph. Britta Macho hat das Studium der Ernährung und Hauswirtschaft an der Fachhochschule Niederrhein 1983 und 1987 an der Berufspädagogischen Akademie des Bundes in Wien das Lehramt für den ernährungswirtschaftlichen und haushaltsökonomischen Fachunterricht abgeschlossen.
Von 1995 bis 2009 war sie Vorstandsmitglied des „Informationskreises Kind und Ernährung". Lange Jahre arbeitet sie als Ernährungswissenschafterin freiberuflich, seit 2006 im eigenen Unternehmen *ernährung e3 Macho & Reiselhuber* (www.e-drei.at).

Als Mutter von zwei Kindern erprobt sie laufend Rezepte und zahlreiche Tipps und Tricks sowie die praktische Umsetzbarkeit von Empfehlungen der Bücher des Verlages I. Hanreich.

UNSER SERVICE

Liebe Leserinnen und Leser!

Wir freuen uns sehr, wenn wir Ihnen mit unserem Rezeptbuch für Babys Beikost weiterhelfen konnten. Der Beikostplan richtet sich nach einem der drei Beikostpläne, die sich am Ratgeber „*Essen und Trinken im Säuglingsalter*" – Auflage 7 befinden.

Verständnisfragen zu den Rezepten oder zum Inhalt dieses Buches können Sie gerne direkt an den Verlag richten:

Verlag • Beratung • Information
Mag. Ingeborg Hanreich
Esterhazygasse 7, A-1060 Wien
Tel.: (+43 1) 504 28 29-1
Fax: (+43 1) 504 28 29-4
E-mail: office@hanreich-verlag.at
Internet: www.hanreich-verlag.at

Anregungen und Kritik von Ihrer Seite sind uns ebenfalls gerne willkommen, denn dieses Buch ist schon dank mancher Rückmeldung verbessert und erweitert worden. **Deshalb zögern Sie nicht – rufen Sie an, schreiben oder mailen Sie uns!**

Gerne nimmt sich Frau Mag. Hanreich telefonisch, per Skype oder im persönlichen Gespräch bei **Fragen, die die individuelle Situation Ihres Kindes betreffen,** für Sie Zeit. Eventuell ist eine Dokumentation der Essgewohnheiten und der Befindlichkeit Ihres Kindes nötig. Hier eine Gratis-Vorlage dazu:
www.hanreich-verlag.at/?id=518

Wenn Sie **einen persönlichen Beratungstermin, eine längere Telefon- oder Skype-Beratung sowie Seminare, Workshops, Vorträge oder Mütterrunden** vereinbaren wollen, können Sie dies unter (+43 1) 504 28 29-1 tun.

Näheres hierzu finden Sie unter:
www.hanreich-verlag.at/beratung